Janos Frisch & Jeannine Wolf

ALBTRÄUME AUSTRICKSEN

Ein Mitmachbuch
gegen schlechte Träume

hogrefe

Jeannine Wolf & Dr. Janos Frisch
Reutterstraße 81a
80689 München
Deutschland
jeannine.wolf@outlook.de
janos.frisch@gmx.de

Bibliografische Information der Deutschen Nationalbibliothek
Die Deutsche Nationalbibliothek verzeichnet diese Publikation in der Deutschen Nationalbibliografie; detaillierte bibliografische Daten sind im Internet über http://www.dnb.de abrufbar.

Anregungen und Zuschriften bitte an:

Hogrefe AG
Lektorat Psychologie
Länggass-Strasse 76
3012 Bern
Schweiz
Tel. +41 31 300 45 00
info@hogrefe.ch
www.hogrefe.ch

Lektorat: Dr. Susanne Lauri
Bearbeitung: Tobias Gaudin, Gießen
Herstellung: Daniel Berger
Illustrationen (Umschlag und Innenteil): Jeannine Wolf, München
Satz: Jeannine Wolf, München
Druck und buchbinderische Verarbeitung: Finidr s.r.o., Český Těšín
Printed in Czech Republic
Auf säurefreiem Papier gedruckt

1. Auflage 2024

(E-Book-ISBN_PDF 978-3-456-96288-7)
ISBN 978-3-456-86288-0
https://doi.org/10.1024/86288-000

INHALTSVERZEICHNIS KINDERTEIL

INHALTSVERZEICHNIS ELTERN- UND FACHKRÄFTETEIL

Liebe Kinder, liebe Eltern, liebe Fachkräfte,

dieses Buch ist ein lustiges Mitmachbuch, mit dem ihr gemeinsam Albträume in gute Träume verwandelt! Ja, richtig gehört! Es ist tatsächlich möglich, schreckliche Albträume zu guten Träumen zu machen. Alba, die Bärin, und ihre Freunde zeigen euch die besten Tricks gegen Albträume.

Hinter den Tricks im Kinderteil stecken echte psychologische Techniken, die gegen Albträume helfen. Für interessierte Erwachsene gibt es dazu Hintergrundinfos in einem eigenen Eltern- und Fachkräfteteil.

Na, wollt ihr euch gleich auf die Reise mit Alba und ihren Freundinnen und Freunden machen? Dann hier noch ein kurzer Hinweis, wie ihr direkt mit dem Kinderteil loslegen könnt:

- Startet mit einer erwachsenen Person im Kinderteil.
- Sucht euch hier den Trick aus, der euch am meisten anspricht.
- Ihr müsst nicht alle Tricks auf einmal ausprobieren.

Für die Erwachsenen noch die folgenden Infos:

- Sie können direkt mit dem Kinderteil starten, ohne den Eltern- und Fachkräfteteil zu lesen (und umgekehrt).
- Erkunden Sie den Kinderteil gemeinsam mit dem Kind.
- Sollten Sie mal bei den Tricks im Kinderteil nicht weiterkommen: Im Eltern- und Fachkräfteteil gibt es Erklärungen, Lösungsvorschläge und Tipps.
- Im Eltern- und Fachkräfteteil finden Sie bei Interesse noch Hintergrundinfos zu Albträumen bei Kindern sowie Antworten auf häufige Fragen.

Wir wünschen viel Spaß und weniger Albträume.
Dr. Janos Frisch und Jeannine Wolf

DIE GROẞE WALDPARTY

Jedes Jahr, wenn die Blätter von den Bäumen fallen, ist es wieder so weit: Die Waldtiere feiern eine große Party. Dann teilen sich die Tiere ihre gesammelten Leckereien und Erinnerungen an den gemeinsamen Sommer. Sie tanzen, lachen und feiern noch ein letztes Mal vor dem kalten und langen Winter.

Alba, die Bärin, macht sich gemeinsam mit der Familie und ihren Freundinnen und Freunden auf den Weg. Papa Bär bringt einen selbst gebackenen Bienenstich mit Honigglasur mit, und Frau Maus rollt ihren riesigen Käse zum Fest. Kommst du auch mit zur Waldparty?

HENRYS LIMONADE
P
W

Was für ein Spektakel! Inzwischen sind auch Albas beste Freundinnen und Freunde zu der Party eingetroffen:

Bitte lächeln und ... Bliiiiitz ... Schon macht Flora mit ihrer Kamera ein Foto von dir und Alba. Auch von den anderen Gästen schießt sie fleißig Bilder.

Seit Jahren ist Flora eine im ganzen Wald bekannte Regisseurin. Während alle anderen Tiere Winterschlaf machen, schreibt sie an ihren Drehbüchern. Die Tiere des Waldes sind sehr stolz auf ihre erfolgreiche Filmemacherin.

Willi hat zu der Party seinen Schwimmreifen mitgebracht, um im Teich zu baden. Er ist ein reinliches Wildschwein, liebt Wasser und legt viel Wert auf Hygiene.

Heute hat Willi sich extra schick gemacht: Die Zähne sind frisch geputzt, das Fell gekämmt und das Gesicht gewaschen. Seine Verwandten sind ihm immer etwas peinlich, wie sie sich im Dreck suhlen und grunzen.

Henry springt aufgeregt zur Party und verschüttet dabei fast seine mitgebrachte Limonade. Er kennt sich super mit Kräutern, Früchten und allem aus, was so in Getränke gemischt wird.

Er wohnt am Teich. Dort wachsen alle Zutaten. Seine neueste Limonaden-Kreation heißt: „Zwetschgen-Apfel-Minze-Limo mit einem Schuss grünem Teichwasser“.

Emil erzählt die besten Geschichten. Er kennt den neuesten Tratsch aus dem Wald und sieht von seinem Nest oben im Baum alles, was im Wald so passiert.

Nachdem er seine Lieblingstorte (natürlich mit Würmern) gegessen hat, erzählt er allen gleich von Albas neuer Winterschlaf-Höhle. Sie soll wohl sehr kalt und dunkel sein. „Da könnte ich ja nicht gut schlafen!“, sagt Emil.

Bis in die späten Abendstunden geht die große Party. Dann wird es Zeit, nach Hause zu gehen. Alba verabschiedet sich von ihren Freundinnen und Freunden. Dann macht sie sich mit ihrer Familie auf den Heimweg in die neue Winterschlaf-Höhle. Sie schlürft genüsslich eine Limonade von Henry, dem Frosch, während Papa Bär Alba auf dem Rücken nach Hause trägt.

Doch je näher sie zur Winterhöhle kommen, desto mulmiger wird Alba zumute. Sie kennt die Höhle, in der sie ihren Winterschlaf machen werden, noch nicht. Sie weiß nicht genau, was sie dort erwartet. Wird sie wirklich so kalt und ungemütlich, wie Emil auf der Party erzählt hat? Alba will lieber in ihrer bekannten Sommerhöhle überwintern, auch wenn sie weiß, dass das nicht geht.

In der neuen Höhle angekommen, schläft Alba sofort ein. Sie träumt von der Abschiedsparty mit ihren Freundinnen und Freunden. Das Limonadenglas von Henry ist plötzlich riesengroß und gefüllt mit leckerer Zwetschgen-Apfel-Minze-Limo mit einem Schuss grünem Teichwasser. Sie springt mit einem großen Satz hinein. Oh, wie viel Spaß es macht, in dem Limo-Wasser zu schwimmen!

WEIẞT DU, WAS EIN TRAUM IST?

Alle Menschen träumen im Schlaf. Wenn wir abends unsere Augen schließen, tauchen wir in eine Traumwelt ab. Unser Gehirn erfindet dann Geschichten. Es ist fast so, als würden wir einen Film sehen. Manchmal erleben wir die Handlung als Hauptdarsteller*in, und manchmal beobachten wir das Geschehen unbeteiligt von außen. Träume helfen uns, schöne und aufregende, aber auch traurige Situationen aus dem Alltag zu verarbeiten.

DAS UNMÖGLICHE WIRD IM TRAUM MÖGLICH

Oft passiert etwas im Traum, was in echt nicht möglich ist. Vielleicht kannst du plötzlich fliegen oder sogar zaubern. Wovon hast du denn mal geträumt, was es in echt gar nicht gibt?

DU HAST GEFÜHLE, WENN DU TRÄUMST

Wir haben im Traum Gefühle wie Freude, Überraschung oder Ärger. Manchmal riechen oder schmecken wir sogar etwas. Erinnerst du dich an ein Gefühl, das du mal im Traum hattest?

DU HAST AUCH MAL SONDERBARE TRÄUME

Alle Kinder haben immer wieder gute, böse und sonderbare Träume! Es ist normal und in Ordnung, solche Träume zu haben. Welche verrückten oder peinlichen Träume hattest du mal?

TRÄUME SAGEN NICHT DEINE ZUKUNFT VORHER

Was im Traum passiert, hat keine Auswirkungen auf das echte Leben. Hast du nach einem Traum schon mal das Gefühl gehabt, dass das Getträumte in echt passieren kann?

HENRYS
ZWETSCHGEN-APFEL-MINZE-
LIMONADE MIT EINEM
SCHUSS TEICHWASSER

Alba träumt weiter. In ihrem Traum schwimmt sie weiter in Henrys riesigem Wasserglas mit Zwetschgen-Apfel-Minze-Limo und einem Schuss grünem Teichwasser. Alba taucht tiefer nach unten, bis die Limo plötzlich immer dunkler und unheimlicher wird. Oh weh! Albas Traum wird auf einmal zu einem Albtraum! Alba bekommt immer mehr Angst und wird nervös. Es tauchen fiese Piranha-Fische mit scharfen Zähnen auf. Alba möchte nur noch weg. Auf einmal ist da aber eine riesige, fiese Krake, die Alba mit ihren vielen Armen umschlingt und immer weiter in die Tiefe zieht. Alba bekommt gar keine Luft mehr.

WAS GENAU IST EIN ALBTRAUM?

Träume, die sich schlecht anfühlen und Angst machen, werden Albträume genannt. Auch ein Albtraum läuft wie ein Film im Kopf ab. Der Unterschied zum Traum ist aber, dass der Albtraum eher ein Gruselfilm ist. Weil alles hautnah miterlebt wird, fühlt sich der Albtraum einfach nur schrecklich an. Alle Menschen haben hin und wieder Albträume. Sie lassen sich in verschiedene Arten einteilen.
Welche Albtraum-Art hattest du schon mal? Kreise ein!

FALL-TRAUM

Du fällst von etwas herunter, z. B. von einem Berg.

GEWALT-TRAUM

Jemand schlägt dich oder du siehst, wie jemand verletzt wird.

ALLEINSEIN-TRAUM

Du wirst von jemandem alleine gelassen oder du verirrst dich.

VERFOLGUNGS-TRAUM

Jemand oder etwas Böses jagt dich und du versuchst, zu entkommen.

MONSTER-TRAUM

Ein Monster oder ein fieses Tier erschreckt dich.

LEISTUNGS-TRAUM

Du enttäuschst andere, weil du z. B. für eine Prüfung nicht gelernt hast.

Alba verarbeitet in ihrem Traum, dass sie sich fremd und einsam in ihrer neuen Höhle fühlt. Es macht ihr Angst, in einer neuen, unbekannten Umgebung zu sein. Alba geht es sehr schlecht mit ihren Albträumen, wie dir vielleicht auch.
Kreuze an, welche Aussagen du mit Alba teilst:

- ☐ Ich habe häufig Albträume (mindestens einmal pro Woche).
- ☐ Die Albträume fühlen sich sehr schlimm an.
- ☐ Ich habe Angst vor dem Einschlafen (was ist, wenn wieder ein Albtraum kommt?).
- ☐ Am nächsten Tag fühle ich mich schlapp und bin müde.
- ☐ Ich kann mich am nächsten Tag ganz schlecht konzentrieren (z. B. in der Schule).
- ☐ Ich denke am nächsten Tag viel über den Albtraum nach.

Alba will, dass die Albträume ihr weniger Angst machen oder sogar verschwinden. Wir haben eine super Nachricht für dich und Alba: Albas Freundinnen und Freunde haben die besten Tricks gegen Albträume auf Lager! Alle haben ihre eigenen super Tricks, und du kannst sie selbst ausprobieren. Du wirst sehen: Die Tricks werden dir helfen, und du kannst endlich wieder gut schlafen.

Hilf Alba bei ihrer Entscheidung. Wen soll Alba als Erstes besuchen? Entscheide, welchen Trick du zuerst gemeinsam mit Alba ausprobieren möchtest.

FUCHSTRICK

Lass dir von Flora zeigen, wie du deine Albträume in schöne Geschichten verwandelst. Fuchspfote drauf, dass Flora dir und Alba bei euren Albträumen weiterhelfen wird!

S.19 **Sei schlau und blättere auf Seite 19.**

FROSCHTRICK

Henrys Trick ist der schnellste Trick gegen Albträume. Wenn du einen recht neuen Albtraum hast oder wenn du Angst vor dem Einschlafen hast, ist dieser Trick super.

S.35 **Spring weiter zu Seite 35.**

WILDSCHWEINTRICK

Willi kennt sich gut aus mit Sauberkeit und Hygiene – ganz besonders mit der sogenannten Schlafhygiene. Löse die Rätsel des Schlafs mit Willi und werde zum Schlaf-Superhelden!

S.45 **Wälz dich weiter bis zur Seite 45.**

RABENTRICK

Emil hat das gemütlichste Nest im ganzen Wald. Sein Supertrick ist Entspannung. Emil erzählt dir vom Fliegen und trainiert gemeinsam mit dir deine Vorstellungskraft mit einer Fantasiereise.

S.59 **Flieg schnell zu Seite 59.**

FLORAS FUCHSTRICK

Sei schlau, machs wie Flora

Als Alba bei Floras Fuchsbau ankommt, ist Flora gerade dabei, mit einem Teleskop den Sternenhimmel zu beobachten. Flora umarmt Alba: „Hallo Alba, ich habe dich schon von Weitem mit meinen guten Fuchsohren gehört. So eilig wie du durch den Wald stampfst, scheinst du etwas auf dem Herzen zu haben!“ Alba nickt überrascht.

Die schlaue Füchsin lächelt leicht und sagt zu Alba: „Wenn du Angst hast oder es dir nicht so gut geht, ist es manchmal hilfreich, sich zuerst an schöne Dinge zu erinnern. Zum Beispiel an seine eigenen Wünsche! Gut, dass heute Sternschnuppen-Nacht ist. Schau durch das Teleskop auf den Himmel. Wenn du Glück hast, siehst du neben den funkelnden Sternen eine Sternschnuppe. Dann darfst du dir etwas wünschen.“

Alba blickt durch das Teleskop und beobachtet den funkelnden Sternenhimmel. Und siehe da! Auf einmal fliegt eine Sternschnuppe am Himmel entlang ... und noch eine ... und noch eine. Die drei Sternschnuppen sehen so aus, als würden Sterne vom Himmel fallen. Flora lacht Alba an: „Wow ... wow ... WOW, du bist eine richtige Glücksbärin, jetzt darfst du dir drei Dinge wünschen!"

Mache es wie Alba und schreibe jetzt drei deiner Wünsche auf:

1. ____________________

2. ____________________

3. ____________________

Als es Flora und Alba draußen beim Sterne-Gucken zu kalt wird, kriechen sie zusammen in den Fuchsbau. Im warmen, gemütlichen Wohnzimmer fragt Flora, was Alba denn nun auf dem Herzen hat.

Also erzählt Alba von ihrem fiesen Albtraum mit der Krake: „Erst war es ziemlich lustig, weil Henrys Limoglas plötzlich so groß wurde, dass ich darin schwimmen konnte. Aber als ich weitertauchte, wurde es total gruselig. Plötzlich kam eine riesige Krake auf mich zu, umschlang mich und zog mich in die Tiefe. Ich bekam fast keine Luft mehr und wurde panisch!“ Mit zittriger Stimme fügt Alba hinzu: „Leider habe ich diesen Albtraum mit der Krake öfter. Ich will doch nur, dass meine Albträume verschwinden und ich endlich Winterschlaf machen kann – wie alle anderen

Bären auch!" Flora nickt: „Mir ging es ähnlich wie dir. Ich hatte so oft Albträume und dabei schreckliche Angst! Aber eines Tages war Opa Wokrak zu Besuch. Er ist ein alter Polarfuchs, der im frostigen Alaska wohnt. Er hat mir einen super Trick gegen Albträume gezeigt, der mir sehr geholfen hat."
Flora lächelt Alba an: „Lass uns den Trick doch einfach bei deinem Albtraum ausprobieren!

So viel kann ich dir schon verraten: Du wirst einen Film drehen, und zwar die Geschichte von deinem Albtraum. Mit dem Unterschied, dass deine Geschichte am Ende gut ausgeht, also ein Happy End hat. Du wirst sehen, wie viel Spaß es macht, das Drehbuch deines Albtraums umzuschreiben!"

1. ALBTRAUM AUSSUCHEN

„Falls du mehrere Albträume hattest, wählst du dir erst mal einen aus. Ich kann mir fast schon denken, welchen du aussuchen wirst, Alba“, sagt Flora. „Der Albtraum von der fiesen Krake!“, platzt es sofort aus Alba heraus.
Wähle auch du jetzt einen Albtraum aus, den du loswerden möchtest. Hier ein paar Tipps:

- Nimm einen Albtraum, den du häufiger träumst.
- Nimm einen Albtraum, an den du dich gut erinnerst.
- Nimm einen Albtraum, den du vor Kurzem geträumt hast.

„Dann geben wir jetzt deinem Albtraum noch einen filmreifen Namen“, sagt Flora. „Alba gegen die fiese Riesenkrake!“, ruft Alba. „Das ist ein guter Titel für meinen Albtraum!“ „Der läuft bestimmt bald in allen Kinos!“, lacht Flora.
Gib deinem Albtraum auch einen filmreifen Namen:

____

____

2. EIGENE ANGST EINSCHÄTZEN

„Bevor du mir den Albtraum noch mal genau beschreibst, sage mir noch schnell, wie viel Angst dir das Erzählen des Albtraums macht“, sagt Flora.
Kreise ein, wie viel Angst dir das Erzählen des Albtraums macht:

KAUM ANGST   ETWAS ANGST   VIEL ANGST   ZU VIEL ANGST

3. ALBTRAUM ERZÄHLEN

„Erzähle deinen Albtraum als Nächstes so, als würdest du ihn gerade erleben“, sagt Flora. Alba holt tief Luft und erzählt noch mal ganz genau jedes Detail ihres Albtraums.
Erzähle jetzt auch deinen Albtraum. Diese Fragen helfen dir dabei:

- Warst du im Albtraum selbst mitten im Geschehen wie ein*e Hauptdarsteller*in? Oder hast du alles von außen beobachtet?
- War der Albtraum realistisch? Hätte die Geschichte auch in echt passieren können? Oder war es etwas, das unmöglich in echt passieren könnte?

AUF DER NÄCHSTEN SEITE GIBT FLORA DEN ERWACHSENEN NOCH EIN PAAR PROFI-TIPPS ZU DIESEM SCHRITT. EINFACH KURZ UMBLÄTTERN.

Floras Profi-Tipps für die Erwachsenen

Ziel des Erzählens ist, dass Sie die Handlung des Albtraums und die damit verbundenen Gefühle verstehen. Versuchen Sie, sich in die Gefühlslage des Kindes hineinzuversetzen. Folgende Punkte helfen Ihnen dabei:

1. Das Kind soll in der Ich-Form und in der Gegenwart erzählen.

2. Weitere Fragen, um den Albtraum besser zu verstehen:

   - Wie sieht die Umgebung aus? Ist es hell/dunkel?
   - Wie fühlst du dich?
     Bist du: ängstlich/erschrocken/angeekelt/wütend/traurig?
   - Welche Sinneseindrücke hast du?
     Was siehst/schmeckst/riechst/fühlst/hörst du?
   - Was denken die Figuren in deinem Traum?

3. Erkennen Sie den Moment in der Handlung, an dem der Traum zu einem Albtraum wurde („Kipppunkt").

4. Wiederholen Sie den Traum in den Worten des Kindes. Fragen Sie zum Schluss: „Stimmt das so?", „Habe ich etwas falsch erzählt oder vergessen?"

Ist es zu schwierig für das Kind, den Albtraum zu erzählen, gehen Sie zum nächsten Punkt. Dort kann das Kind den Albtraum malen. Versuchen Sie dann, über die Zeichnung ins Gespräch zu kommen.

4. ZEICHNE DEINEN TRAUM

Nachdem Alba fertig erzählt hat, sagt Flora: „Am besten malst du nun deinen Albtraum, dann können wir ihn uns noch besser vorstellen." Alba legt sich gleich auf den Boden und beginnt zu zeichnen.

Mache es wie Alba und zeichne deinen Albtraum Schritt für Schritt.

Als Alba fertig ist, zeigt sie die Zeichnung Flora und erklärt ihr, was sie gezeichnet hat.

Bist du auch mit deiner Zeichnung fertig? Super, dann erkläre nun, was du gezeichnet hast.

Flora fragt Alba, welche Dinge ihr in ihrem Traum und auf ihrer Zeichnung am meisten Angst gemacht haben. „Aha!", sagt Flora, das macht dir also alles Angst. Dann kreisen wir das jetzt mal rot ein oder schreiben es daneben."

Kreise jetzt rot ein, was dir besonders große Angst gemacht hat. Dafür kannst du auch ein Pergamentpapier über deine Zeichnung legen.

5. VERÄNDERE DEINEN TRAUM

„Jetzt werden wir das Drehbuch deines Albtraums umschreiben und uns ein gutes Ende ausdenken. Dann träumst du keinen Gruselfilm mehr!", sagt Flora. Alba hat schon viele Ideen, wie der Albtraum doch noch gut ausgehen könnte. Sie erzählt die Ideen Flora und zeichnet sie dann.

Schau die Zeichnung von deinem Albtraum noch mal an! Was könnte passieren, damit die Geschichte ein gutes Ende nimmt? Erkläre deine Ideen und zeichne sie.

Floras Profi-Tipps für die Erwachsenen

Ziel ist es, dass sich das Kind eine eigene Lösung ausdenkt. Die Vorschläge dürfen unrealistisch und sehr fantastisch sein. Unterstützen Sie das Kind dabei, eine gute Lösung zu finden.

1. Fragen Sie zunächst ganz offen. Meist finden Kinder recht spontan Lösungen. Machen Sie selbst keine Vorschläge, gehen Sie aber auf die Vorschläge des Kindes ein (z. B. „Das ist eine gute Idee. Wie könnte das weiter aussehen?“).

2. Zeigen Sie auf die Zeichnung mit den rot markierten Stellen. Fragen Sie: „Was hat dir hier am meisten Angst gemacht?“

3. Brainstorming: Fragen Sie das Kind allgemein: „Was könnte man machen, damit z. B. die böse Krake nicht mehr gruselig ist?“

4. Bei passiven Lösungen des Kindes (z. B. Ausweg suchen und weglaufen): Fragen Sie, ob es noch eine andere Idee hat.
Das Kind hat keine Ideen? Wie wäre es damit:

- Helfer*innen einbauen (z. B. Magier*innen, Eltern, Held*innen etc.)
- Rettungsfahrzeuge helfen (Krankenwagen, Polizeiauto etc.)
- Angreifer*innen verniedlichen.

5. Goldene Regel: Wenn das Kind überzeugt von seiner Lösung ist, akzeptieren Sie diese auch.

Worauf sollten Sie achten?
Der neue Traum sollte noch eine inhaltliche Nähe zum ursprünglichen Albtraum aufweisen.

ALBAS 1. IDEE

Die Krake ist ihr Freund, und sie zeichnen gemeinsam. Doch warum sollte die Krake plötzlich so freundlich sein? Das kann sich Alba nicht gut vorstellen. Sie überlegt sich lieber noch eine neue Idee.

ALBAS 2. IDEE

Alba flieht vor der Krake. Sie stellt sich vor, wie sie versucht, so schnell wie möglich von der Krake wegzuschwimmen. Aber ist sie wirklich schneller als die Krake mit ihren vielen Armen? Und hat sie dabei weniger Angst? Alba braucht eine dritte Idee.

ALBAS 3. IDEE

Alba ist in einem U-Boot unterwegs und beobachtet die Fische und die verwunderte Riesenkrake aus sicherer Entfernung. Die Krake kann das U-Boot nicht angreifen, und Alba muss keine Angst mehr vor ihr haben. Alba gefällt die Idee sehr.

Alba hat sich für ihr Lieblingsende mit dem U-Boot entschieden. Sie kann es sich gut vorstellen und hat dabei weniger Angst.
Hast du auch ein gutes Ende gefunden? Falls ja, schließe die Augen und versuche, dir die Geschichte mit dem neuen guten Ende vorzustellen. Hat der neue Traum noch etwas mit dem Albtraum zu tun? Kannst du mit dem Traum gut schlafen, ohne (große) Angst zu haben? Wenn du die Fragen mit „Ja" beantwortet hast, dann Glückwunsch zu deinem ersten Film! Wenn nicht, dann überlege dir noch mal ein anderes Ende.

6. ÜBE DEIN NEUES ENDE

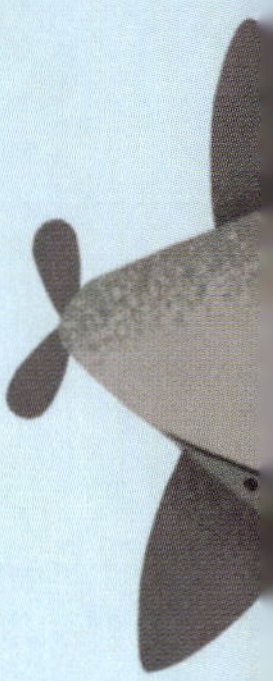

„Wenn du dir deine neue Geschichte jetzt jeden Tag vorstellst, dann überschreibt dein Gehirn den alten fiesen Albtraum mit deiner neuen ausgedachten Geschichte. Das klappt tatsächlich!“, erklärt Flora.
Jeden Abend, bevor du schlafen gehst, schaust du dir dein neues Bild noch mal an und erzählst das neue gute Ende kurz einer erwachsenen Person.

Wenn du magst, kannst du noch Folgendes tun: Rufe mit deinen Eltern eine Person an, die du magst (z. B. Oma). Erzähle ihr deine neue Geschichte. So prägst du sie dir noch besser ein.

Super! Du hast es geschafft! Nun brauchst du nur noch ein wenig Geduld, und du wirst sehen: Deine Albträume werden langsam verschwinden.

In dieser Nacht schläft Alba zufrieden und eng an Flora gekuschelt ein. Und siehe da! Sie träumt sogar ihren neuen Traum mit dem U-Boot! Ganz ruhig und sicher fährt sie an der verwunderten Krake vorbei und kann sie nun aus sicherer Entfernung beobachten. „Jetzt, wenn die Riesenkrake keine Gefahr mehr für mich ist, sehe ich erst, was für ein schönes Tier sie eigentlich ist“, denkt Alba.

HENRYS FROSCHTRICK

Wundermittel mixen mit Henry

Bei Henry angekommen, erzählt Alba von ihrem Albtraum. „Es war einfach furchtbar! Wenn ich versuche, wieder einzuschlafen, habe ich immer das Gefühl, dass sich die Krake irgendwo in meiner Höhle versteckt. Ich stelle mir vor, wie sie dann wartet, bis ich eingeschlafen bin, damit sie mich wieder in die dunkle Tiefe zu den Piranhas ziehen kann."

Henry nickt: „Mit der Abwehr von Gefahren kenn ich mich bestens aus! Ich muss mich hier am Teich dauernd vor verschiedenen Ungeheuern schützen. Mein bester Trick ist das Abwehr-Spray. Ich erzähle dir, wie ich es erfunden habe und wie es funktioniert!"

Henry holt tief Luft und beginnt zu erzählen: „Alles begann, als meine Seerose von gefräßigen Blattkäfern befallen wurde. Ich war so sauer! Ich versuchte, sie mit meinem Teichwasser zu vertreiben, und besprühte sie damit.

Was ein paar Tage später passierte, konnte ich kaum glauben: Die Seerose blühte so schön wie noch nie. Die Wunden, die ihr die Blattkäfer zugeführt hatten, waren verheilt und alle Blattkäfer verschwunden.

Da verstand ich den Zusammenhang, und mir wurde klar: Ich habe ein Wundermittel gefunden. Ich überlegte: Könnte mich dieses Wundermittel auch vor anderen Gefahren schützen?

Nur ein paar Tage später konnte ich es direkt austesten: Das gefürchtete Teichkrokodil wollte meine nun so wunderschön blühende Seerose fressen!

Mir war klar, dass das Teichwasser allein womöglich gegen Käfer stark genug war. Aber würde es auch gegen ein großes Krokodil ausreichen?

Ich war mir nicht sicher und fügte etwas sauren Zitronensaft hinzu. Als das Krokodil schon gefährlich nahekam, sprühte ich ihm direkt mein neu entdecktes Wundermittel in sein gefährliches Maul, das voller scharfer Zähne war.

Und oh Wunder! Es wirkte tatsächlich!

Das dreiste Teichkrokodil schloss sofort sein Maul, jaulte, fiepte und zog dann beleidigt davon.

Nun hatte mich mein Teichwasser schon zum zweiten Mal beschützt. Was für eine großartige Entdeckung! Ich konnte es selber kaum glauben, als ich dem Krokodil erleichtert nachwinkte.

Von jetzt an war es mir klar: Mein Teichwasser ist ein Wunderwasser. Gemischt mit Spezialzutaten konnte ich damit alle Feind*innen in die Flucht schlagen.

Bevor ich mich in dieser Nacht schlafen legte, sprühte ich noch mal etwas Wundermittel rund um meinen Schlafplatz, um Feind*innen abzuschrecken und ohne Angst ganz entspannt schlafen zu können.

Am nächsten Morgen begann ich, mein Rezept gegen Teichkrokodile aufzuschreiben.

Ich kann dir sagen, im Laufe der Zeit lauerten noch einige Gefahren an meinem Teich. Doch mit jeder Gefahr kam auch ein neues Rezept hinzu. Vor dem Schlafen versprühe ich jetzt immer ein paar Tropfen von meinem Wundermittel. Seitdem weiß ich, dass ich ganz ruhig und entspannt schlafen kann.

Schau, hier habe ich meine Rezepte aufgeschrieben:

Alba ist beeindruckt: „Wow! Das ist ja super mit deinem Wundermittel und den Spezialzutaten. Genau so etwas bräuchte ich auch gegen meinen Albtraum mit der fiesen Krake. Nachts im Bett habe ich doch immer so Angst, einzuschlafen."

Henry entgegnet Alba: „Am besten, du schaust gleich mal, ob du zu Hause ein Gefäß oder eine Sprühflasche findest. Dort füllst du etwas Wasser hinein. Nun brauchst du nur noch eine Spezialzutat. Überlege, welche gut gegen die fiese Krake ist."

Alba überlegt: „Hmm ... Also es muss etwas sein, das es in unserer Bärenhöhle gibt und das die blöde Krake gar nicht mag. Da fällt mir Papas Kamillentee ein. Das könnte die Spezialzutat sein."

„Super", sagt Henry. „Hier, ein Stück Papier, dann kannst du dir dein Rezept aufschreiben!"

Jetzt bist du dran! Trage deinen Namen ein und male dir hier dein erstes Rezept:

Henrys Profi-Tipps für die Erwachsenen

Gut zu wissen: Gerade jüngere Kinder können zwischen Realität und Illusion (z. B. Albtraum) noch nicht gut unterscheiden. Zudem haben Kinder oft eine lebhaftere Fantasie als Erwachsene.

So können Sie das Kind beim Froschtrick unterstützen:

1. Wenn das Kind Angst hat, dass etwas Bedrohliches im Zimmer sein könnte: Schauen Sie gemeinsam nach und versichern Sie sich zusammen, dass es nicht da ist.

2. Lassen Sie das Kind nun selbst eine Spezialzutat finden. Wenn es keine Idee hat, dann schauen Sie gemeinsam in die Küche. Was riecht gut und löst sich in Wasser auf?

3. Versprühen Sie nun vor jedem Schlafengehen das „Wundermittel“. Dieses Ritual wird dem Kind Sicherheit geben.

An diesem Abend kuscheln sich Alba und Henry eng aneinander, versprühen noch einmal das schützende Wundermittel und schlafen dann gemeinsam friedlich auf dem Seerosenblatt ein.

WILLIS WILDSCHWEINTRICK

Zum Schlaf-Superhelden werden mit Willi

Nach einer schlaflosen Nacht beschließt Alba, ihren Freund Willi, das Wildschwein, zu besuchen. Willi ist überrascht, dass Alba noch keinen Winterschlaf hält. Trotzdem freut er sich natürlich, sie zu sehen.

„Was machst du denn hier?“, fragt Willi. „Ach, Willi, ich habe so schlimme Albträume. Ich kann einfach nicht schlafen. Es ist mir ein Rätsel, wie die anderen den ganzen Winter schlafen können“, seufzt Alba.

Willi steht auf, streicht sich den Dreck aus seinen Borsten und wirft sich seinen Superhelden-Umhang um. „Rätsel sind da, um gelöst zu werden! Komm mit, wir lösen die drei großen Rätsel des Schlafs! Lass uns zu Schlaf-Superhelden werden!“
Löse gemeinsam mit einer erwachsenen Person die Rätsel auf den folgenden Seiten und erhalte wertvolle Tipps für einen besseren Schlaf.

Alba erklärt Willi: „Schon ins Bett zu gehen, fällt mir schwer. Wenn ich dann alleine im Bett liege, fühle ich mich ganz unwohl." Willi erwidert: „Ja, das hatte ich auch einmal. Oft hat man Ängste beim Einschlafen. Das macht das Schlafen und das Träumen nicht gerade leichter. Ich weiß, was dagegen hilft! Alba, lass uns anschauen, was für Ängste du hast, und darüber sprechen." Alba wird etwas blass: „Na gut, ich versuche es. Also im Bett, da habe ich immer so Angst, und zwar ... Ja also ... ehh ... bibber ... Also es ist die Angst vor ... also ... zitter ... Ich kann es gerade nicht sagen ..."

Hilf Alba zu erkennen, wovor sie Angst hat. Verbinde die Punkte und schau, wovor Alba sich fürchtet!

RÄTSEL 1: LÖSE DAS ZAHLENBILD

Auflösung: Alba hat Angst vor einem Waschbären-Einbrecher in ihrer Höh

Danke! Du hast Alba geholfen! Jetzt bist du dran!
Wie ist das bei dir? Welche Ängste hast du abends im Bett?
Kreuze an: Ich habe Angst ...

... VOR DER DUNKELHEIT

... DASS MEINE ELTERN STREITEN

... VOR DEM GRUSELFILM, DEN ICH GESEHEN HABE

... VOR EINEM MONSTER IN MEINEM ZIMMER

... VOR GESPENSTERN

... DASS ICH ALLEINE BIN

... VOR DER SCHULE

... VOR ETWAS ANDEREM:

____

____

____

Super! Du warst so mutig und hast gesagt, wovor du Angst hast. Oft ist es gut, das einmal auszusprechen. Wenn du willst, kannst du jetzt mit der erwachsenen Person über deine Angst sprechen.

1. BENENNE DEINE ANGST

zum Beispiel: „Ich hab Angst, dass sich meine Eltern streiten."

2. NOTIERE, WAS DIR GEGEN DEINE ANGST HELFEN KÖNNTE

zum Beispiel:
- weniger streiten

3. NOTIERE, WAS DEINE ANGST NOCH SCHLIMMER MACHEN KÖNNTE

zum Beispiel:
- sich nicht mehr vertragen

4. DIE ERWACHSENE PERSON SCHREIBT AUF, WAS GEGEN DEINE ANGST HELFEN KÖNNTE

zum Beispiel:
- zu sagen, dass du keine Schuld am Streit hast

5. DIE ERWACHSENE PERSON SCHREIBT AUF, WAS DIE ANGST NOCH SCHLIMMER MACHEN KÖNNTE

zum Beispiel:
- schreien und laut streiten

Versucht jetzt zu vereinbaren, wie ihr die Punkte auf der linken Seite umsetzen und die Punkte auf der rechten Seite verhindern könnt. Es hilft, ganz offen über Ängste zu reden.

RÄTSEL 2: FINDE DIE UNTERSCHIEDE!

Es gibt gute und schlechte Gewohnheiten beim Schlafengehen. Gute Gewohnheiten lassen dich super schlafen. Dann hast du eine sogenannte gute Schlafhygiene. Schlechte Schlafgewohnheiten dagegen können zu Albträumen führen.

Willi hat eine super Schlafhygiene und die saubersten Gewohnheiten im ganzen Wald. Alba hat dagegen schlechte Gewohnheiten, also eine schlechte Schlafhygiene. Vielleicht hat sie deswegen ja Albträume ...

Finde die Unterschiede in den Schlafzimmern von Alba und Willi. Kreise die Unterschiede in Willis Zimmer ein. Sie zeigen dir, warum Willi besser schläft als Alba.

Super, du hast einige Unterschiede gefunden. Schreibe jetzt auf, welche Gewohnheiten sich hinter den Unterschieden verbergen:

1. ______________________________
2. ______________________________
3. ______________________________
4. ______________________________
5. ______________________________
6. ______________________________
7. ______________________________

RÄTSEL 2: DIE AUFLÖSUNG

1. In deinem Zimmer sollte es nicht zu warm oder zu kalt sein.
2. Vermeide zu helles Licht in deinem Zimmer.
3. Eine ruhige Umgebung ohne Störgeräusche ist wichtig.
4. Lass den Fernseher vor dem Schlafengehen am besten aus.
5. Eine ruhige Aktivität (z. B. lesen) hilft dir, zur Ruhe zu kommen.
6. Eine Stunde vor dem Schlafengehen solltest du nichts essen.
7. Versuche, regelmäßige Schlafenszeiten einzuhalten.

Willis Profi-Tipps für die Erwachsenen

1. Werden Ängste des Kindes nicht angesprochen oder vermieden, so steigt in der Regel die Angst. Fördern Sie daher eine offene, nicht wertende Haltung. Erwachsene haben oft Angst, nicht die richtige Antwort auf Ängste des Kindes zu haben. Hier gilt es, im Gespräch zu bleiben.

2. Bei Ängsten von Kindern wollen Eltern häufig zu lösungsorientiert und zu perfekt handeln. Dabei ist es wichtig, Kindern nur ein kleines Stück mit ihrer Angst entgegenzukommen. Ziel ist es, dass die Eltern Beruhigung anbieten (z. B. mit beruhigender Stimme sprechen, ein Ritual durchführen) und dann Grenzen ankündigen und setzen (nach kurzer Zeit das Zimmer verlassen). Das Kind soll die Möglichkeit haben, sich selbst zu beruhigen und zu lernen, die Eltern weniger zu brauchen.

3. Mangelnde Schlafhygiene: Viele Eltern fordern vom Kind Schlafhygiene nicht ein oder erwarten, dass das Kind dies für sich selbst organisiert. Unterstützen Sie das Kind dabei, Schlafhygiene zu lernen.

4. Medien: Es ist oft nicht einfach, Kindern einen gesunden Umgang mit Medien beizubringen, wenn Erwachsene oder auch Mitschüler*innen der Kinder selbst einen maßlosen bzw. ungeregelten Konsum haben („Aber meine Freunde und Freundinnen dürfen viel länger Konsole spielen“; „Papa, du bist ja sogar beim Abendessen immer wieder kurz am Handy ...“). Eine Übersicht, wie lange Kinder eines bestimmten Alters Medien konsumieren sollen, finden Sie im Eltern- und Fachkräfteteil auf Seite 98. Gibt es einen unbeschränkten Medienzugang, keine Vereinbarungen und überschreitet das Kind bei Weitem die obigen Empfehlungen, sollten Sie zu Beginn mit einer kleineren Reduktion des Medienkonsums beginnen, um schrittweise zur empfohlenen Konsumzeit zu gelangen.

RÄTSEL 3: DAS SCHLAF-QUIZ

„So Alba, jetzt starten wir mit dem dritten und letzten Rätsel."

Löse das Quiz und erfahre, was gute Schlafgewohnheiten sind. Schläft Alba besser, wenn sie ...

Auflösung: Alba schläft besser, wenn sie immer zur gleichen Zeit ins Bett geht.

Wann gehst du ins Bett? Triff mit der erwachsenen Person eine Vereinbarung, wann und wie du jeden Tag ins Bett gehst:

- **Vereinbart, wann es Zeit ist, sich für das Bett fertigzumachen.**
- **Die erwachsene Person erinnert dich regelmäßig zur korrekten Zeit.**
- **Die erwachsene Person verlässt nach der vereinbarten Zeit das Zimmer.**
- **Du stehst regelmäßig zur gleichen Zeit auf.**
- **Die erwachsene Person unterstützt dich beim Aufstehen.**

Auflösung: Alba schläft besser, wenn sie abends den Streit ruhen lässt.

Triff mit der erwachsenen Person eine Vereinbarung:

- Vereinbart, ab wann abends nicht mehr gestritten wird.
- Erinnert euch gegenseitig beim Streiten am Abend an die vereinbarten Regeln und haltet euch daran.
- Die erwachsene Person denkt daran, dass Kinder von Erwachsenen lernen, wie sie streiten.
- Die erwachsene Person sollte bedenken, dass hinter dem Ärger des Kindes meist ein unerfülltes Bedürfnis steckt.

Auflösung: Alba schläft besser, wenn sie mit der erwachsenen Person ein Ritual durchführt.

Triff mit der erwachsenen Person eine Vereinbarung, wie ein gemeinsames Ritual vor dem Schlafen aussehen kann. So macht ihr das:

- Vereinbart eine feste Uhrzeit.
- Wählt die Aktivität gemeinsam (z. B. vorlesen, sprechen etc.).
- Besprecht die Dauer des Rituals (z. B. 15 Minuten).
- Die erwachsene Person gibt dem Kind die Gelegenheit, über Sorgen und Ängste zu sprechen.

Super, du hast alle Rätsel gelöst! Hier werden die 5 wichtigsten Tipps noch mal zusammengefasst:

1.

Auch wenn es nicht ganz einfach ist, sprich über deine Ängste. Das macht sie kleiner!

2.

Versuche, dich an eine feste Zubettgeh- und Aufstehzeit zu halten. Dein Körper gewöhnt sich daran.

3.

Eine gute Schlafumgebung ist wichtig. Vermeide: Lärm, Licht, Hunger, Kälte, Hitze etc.

4.

Vor dem Schlafen sind ruhige und nicht anstrengende Aktivitäten angesagt, z. B. Lesen, Comics, Hörbuch etc.

5.

Mit Ärger und Streit am Abend kann niemand gut schlafen. Vertrage dich vor dem Schlaf wieder. Falls das nicht geht, schließt Waffenstillstand und sprecht am nächsten Tag darüber.

GRATULATION, DU BIST JETZT EINE ECHTE SCHLAF-SUPERHELDIN/ EIN ECHTER SCHLAF-SUPERHELD!

EMILS RABENTRICK

Flieg entspannt ins Land der Träume mit Emil

Müde macht sich Alba auf den Weg zu Emil, dem Raben. Emil hat immer einen guten Rat, weil er schon viel von der Welt gesehen hat. Er entdeckt die Welt aus der Luft und hat von oben einen sehr guten Überblick. Er sieht immer etwas Neues und hat so schon viele Erfahrungen gesammelt. Alba beobachtet Emil oft bei seinen Flügen. Er wirkt dabei immer so zufrieden und entspannt.

Hoffnungsvoll drückt sie die Klingel an Baum Nr. 34. Emil blickt verwundert von seinem Nest herunter. Er ruft: „Alba, bist du's? Machst du nicht schon längst Winterschlaf? Egal, schön, dass du da bist! Komm doch hoch!" Er lässt die Strickleiter von seinem Nest herunter, und Alba kraxelt langsam nach oben.

Als Alba oben ankommt, platzt es sofort aus ihr heraus: „Emil, es ist ganz schrecklich. Ich habe immer so schlimme Albträume, dass ich gar nicht schlafen kann. Dabei kann doch eigentlich jeder Bär Winterschlaf halten. Warum kann ich nicht einfach ohne Albträume schlafen? Hast du vielleicht einen Rat für mich?“

Emil erwidert: „Oh, du wirkst ja ganz aufgewühlt, Alba. Wenn ich so unruhig bin, mir viele Gedanken mache und nicht schlafen kann, dann erinnere ich mich immer an einen meiner Flüge. Beim Fliegen bin ich immer so entspannt, und mich daran zu erinnern, lässt mich ganz schnell einschlafen. Komm, Alba, mach es dir gemütlich. Ich erzähle dir von meinem letzten Flug.“

„Oh ja!“, ruft Alba begeistert und kuschelt sich an Emil.
Lies gemeinsam mit der erwachsenen Person die Geschichte von Emil. Suche dir wie Alba einen ruhigen, gemütlichen Platz. Stelle dir vor, du würdest wie Emil durch die Lüfte fliegen.

Emils Profi-Tipps für die Erwachsenen

Vorbereitungen für den Rabentrick:

- Das Kind soll es sich so gemütlich wie möglich machen und eine ruhige und entspannte Körperposition einnehmen. Zusätzlich können Sie ihm eine Decke anbieten.

- Die Fantasiereise wird von einer Bezugsperson bzw. Fachkraft vorgelesen. Wenn das Kind möchte, kann es seine Augen schließen. **Alternativ:** Sie hören sich die Entspannungsgeschichte gemeinsam mit dem Kind an. Scannen Sie dazu den QR-Code und melden Sie sich auf der Hogrefe-Internetseite an. Die Geschichte finden Sie unter *Meine Zusatzmaterialien*, geben Sie dort den Code **B-HZP48N** ein.

Der Rabentrick kann für folgende Zwecke eingesetzt werden:

Als regelmäßige Entspannungsübung: Die regelmäßige Anwendung ist wichtig, damit das Kind sich immer besser auf die Entspannungsübung einlassen kann. Je regelmäßiger das Kind übt, desto entspannter wird es. Zudem verbessert sich durch regelmäßiges Üben das visuelle Vorstellungsvermögen. Dies ist auch für Floras Fuchstrick von Vorteil, denn die veränderte Albtraumhandlung kann dann besser vorgestellt werden.

Als Einschlafhilfe: Entspannung wirkt sich sehr positiv auf das Ein- und Durchschlafen aus. Der Rabentrick kann besonders dann eingesetzt werden, wenn das Kind am Tag viel (Stress) erlebt hat und lange zum Einschlafen braucht.

Akute Beruhigung: Direkt nach einem Albtraum kann die Entspannungsübung auch zur Beruhigung eingesetzt werden. In diesem Fall ist die Fantasiereise nur dann wirkungsvoll, wenn das Kind sie bereits mehrmals durchgeführt hat und der Körper Entspannung mit der Übung assoziiert.

Wenn du magst, schließe jetzt deine Augen und stelle dir vor, es ist ein wunderschöner Herbsttag. Die Sonne scheint warm auf deine Arme. Es fühlt sich angenehm an. Die Sonnenstrahlen fallen durch die herbstlichen Kronen der Bäume auf den warmen Waldboden. Du sitzt am Rand des Nests und schaust auf den Wald hinunter. Er liegt ganz ruhig und friedlich unter dir. Ein paar farbige Blätter fallen raschelnd von den Bäumen und schweben ganz sachte auf den weichen, moosigen Waldboden. Du bist ganz ruhig und freust dich auf deinen Flug. Du atmest tief ein und aus ... Und noch einmal tief ein und tief aus ...

Es weht eine warme Brise, und du breitest deine Arme wie Flügel aus. Ein sachter Windstoß nimmt dich mit, und schon fliegst du ganz ruhig. Du beginnst zu lächeln, es fühlt sich gut an, so weit oben zu schweben. Du fühlst dich sicher. Um dich herum ist es still. Ganz still. Du fühlst dich leicht und frei. Dein Körper beginnt sich zu entspannen.

Es ist deine Gabe, du bist so ruhig wie der Rabe. Weit vor dir siehst du andere Vögel, die ganz sachte und still ihre Kreise am Himmel ziehen. Du bist nicht allein. Auch sie genießen die Ruhe weit oben in der Luft. Sie sind ganz friedlich. Wenn sie dich sehen, grüßen sie dich lieb und folgen dann weiter ihren Wegen.

Langsam segelst du an den zarten, weißen Schäfchenwolken vorbei. Du berührst sie mit deinen Fingerspitzen. Sie sind weich wie Zuckerwatte. Es fühlt sich ein bisschen so an, als würde dir jemand sanft und liebevoll über deine Hand streicheln. Du genießt das Gefühl, und deine Arme werden immer schwerer. Dein Atem wird ruhiger ... ruhiger ... und immer ruhiger. Es ist deine Gabe, du bist so ruhig wie der Rabe. Es ist deine Gabe, du bist so ruhig wie der Rabe. Der Wind trägt dich behutsam weiter.

Die Welt unter dir ist klein. Die Tiere im Wald sehen aus wie kleine Stofftiere. Langsam beginnt der Wald zu verschwinden, und du siehst eine blaue Fläche unter dir. Es ist das große Meer. Es ist wunderschön. Auf der ruhigen Wasseroberfläche spiegelt sich das Sonnenlicht funkelnd wider. Von hier oben entdeckst du eine Wasserschildkröte. Sie gleitet majestätisch durch das Meer. Sie schwebt durch das Wasser. Ganz ruhig und langsam. So wie du ganz sachte vom Wind über das Meer getragen wirst. Sie blinzelt dir zu und wünscht dir einen guten Flug. Da kommt ein Schwarm kleiner Fische vorbei. Sie genießen die Ruhe unter Wasser. Sie fühlen sich frei und gleichzeitig sehr sicher in dem warmen Ozean. Eine sachte Brise weht dir über dein Gesicht. Sie schmeckt nach Salzwasser und warmen Sonnenstrahlen. Im Hintergrund hörst du friedliches Wellenrauschen. Es herrscht eine angenehme Ruhe. Am Horizont zwischen Meer und Himmel siehst du, wie sich die Sonne langsam senkt. Bald wird sie hinter dem Horizont

verschwinden. Es war ein schöner Tag. Du bist dankbar für diesen Tag und deine Erlebnisse. Die warmen Sonnenstrahlen färben sich in ein mildes Rosa. Am Abend und in der Nacht wird dann der Mond über uns friedlich wachen.

Es ist nun Zeit für dich, umzukehren. Du neigst deinen Körper behutsam nach links und machst eine große Kurve. Du machst dich auf den Weg zurück. Zurück nach Hause. Es war ein toller Ausflug. Du schwebst noch einmal über die Schildkröte. Sie hat bereits die Augen geschlossen und atmet langsam an der Wasseroberfläche ein und aus ... ein und aus. Die Wellen plätschern sanft.

Mit sachten Flügelschlägen erreichst du wieder den Wald. Du riechst den Duft des warmen Mooses auf dem Waldboden. Du nimmst einen tiefen Atemzug, und beim Ausatmen lässt du alle Anspannung los. Du bist wieder zu Hause. Im Wald. Du bist sicher. Du erreichst Emils Nest und setzt langsam zur Landung an. Du streckst deine Beine aus, und sie berühren das weiche und warme Nest. Du lässt deine Arme neben den Körper sinken. Du bist angekommen. Mach es dir nun noch mal ganz bequem im Nest und streck deine Arme weit weg von deinem Körper und lasse sie tief und schwer fallen. Du fühlst dich behütet und atmest ganz entspannt ein und aus. Es ist deine Gabe, du bist so ruhig wie der Rabe. Es ist deine Gabe, du bist so ruhig wie der Rabe. Es ist deine Gabe, du bist so ruhig wie der Rabe.

Wenn du nun weiterschlafen möchtest, lasse deine Augen geschlossen und atme tief und langsam weiter. Beobachte deinen Atem.

Wenn du aber nicht schlafen möchtest, dann öffne nun ganz sachte deine Augen und komme langsam wieder in der Welt an.

An diesem Abend schlafen Alba und Emil warm eingekuschelt in Emils Nest ein. Alba träumt von ihrem Flug, den sie mit Emil erlebt hat. Sie träumt von der Meeresschildkröte und dem sanften Wellenrauschen. In dieser Nacht hat sie keinen Albtraum und kann ruhig schlafen.

ELTERN- UND FACHKRÄFTETEIL

„Ein gruseliges Monster verfolgt mich jede Nacht. Es hat drei Augen, Opas Hakennase und komischerweise meine Hausaufgaben in der Hand. Egal, was ich mache, wie weit ich weglaufe oder wie gut ich mich verstecke, ich kann nicht entkommen. Und kurz bevor es mich packt, versuche ich noch, nach Hilfe zu rufen. Aber der Schrei will einfach nicht herauskommen. Und so kann mir auch keiner mehr helfen. Im Moment, in dem es mich fressen will, wache ich voller Angst auf ...!"

Vielleicht kennen Sie die sorgenvolle Erzählung eines Kindes über solche oder ähnliche Albträume nur allzu gut. Als Eltern oder Fachkräfte sind wir es gewohnt, dem Kind bei alltäglichen Schwierigkeiten zu helfen. Aber bei Albträumen sind wir machtlos. Denn anders als im Wachleben spielt sich der Albtraum in der Fantasie während des Schlafs ab. Wir machen uns Sorgen um das Kind und fühlen uns hilflos. Im Eltern- und Fachkräfteteil wollen wir zusammen auf Entdeckungsreise gehen und gemeinsam Antworten finden. Wie helfen die Erkenntnisse der psychologischen Forschung? Warum wirken die im Kinderteil beschriebenen Tricks so gut gegen Albträume? Und was passiert eigentlich mit Kindern, wenn sie Albträume haben? Haben Albträume überhaupt einen Sinn? Vielleicht finden wir dann auch einen Weg, zusammen mit den Kindern Albträume in gute Träume zu verwandeln.

1. WAS SIND ALBTRÄUME?

Albträume können als eine Untergruppe von Träumen beschrieben werden, bei denen die träumende Person intensive negative Gefühle erlebt (Thünker & Pietrowsky, 2021). In der Regel sind die erlebten Gefühle bedrohlich, machen Angst und führen dazu, dass die träumende Person aus dem Schlaf erwacht. Ein Synonym für den Albtraum ist der Angst- oder Furchttraum, da Angst über verschiedene Studien hinweg die häufigste erlebte Emotion im Albtraum ist (Gieselmann et al., 2019).

Wenn Sie Lust haben, starten Sie gleich Ihre Entdeckungsreise und beschreiben einen Albtraum des Kindes anhand der in Tabelle 1 aufgelisteten Aspekte.

Albtraum des Kindes beschreiben

Wann ist der Albtraum zum ersten Mal aufgekommen?	Was war der schlimmste Moment im Albtraum?
Wovon handelt der Albtraum des Kindes?	Was macht mir als Elternteil/Fachkraft Sorgen?
Kreuzen Sie an, welche Gefühle im Albtraum vorhanden sind. Kreisen Sie zusätzlich das Gefühl ein, das das Kind vermutlich am stärksten empfunden hat. ☐ Angst ☐ Ekel ☐ Überraschung ☐ Wut ☐ Verachtung ☐ Traurigkeit ☐ Scham ☐ Kummer ☐ Schuld	Ist es ein wiederkehrender Albtraum mit gleicher bzw. ähnlicher Handlung? ☐ Ja ☐ Nein: Es sind immer unterschiedliche Albträume

Tabelle 1: Albtraumbeschreibung

Was sind wichtige Charakteristika von Albträumen?

1. Albträume kommen meist erst in der zweiten Nachthälfte vor (aber nicht ausschließlich).

Ein Kind weckt die Eltern aufgrund eines Albtraums folglich typischerweise zwischen 3 und 7 Uhr morgens. Dass Albträume häufig in der zweiten Nachthälfte vorkommen, hängt mit der sogenannten REM-Schlafphase zusammen. REM bedeutet „rapid eye movement" und zeigt sich durch schnelle Augenbewegungen beim Schlafen. Der gesamte Schlafzyklus besteht aus vier unterschiedlichen Phasen von je 90–110 Minuten. In den ersten drei Schlafphasen ist der sogenannte Non-REM-Schlaf aktiv (Einschlafphase, leichter Schlaf, Tiefschlaf). Non-REM ist ein ruhiger Schlaf, in dem das Gehirn weniger aktiv ist. In der letzten Schlafphase kommt es zum REM-Schlaf. Dabei erhöht sich die Gehirnaktivität. In der REM-Phase träumen wir, in der Tiefschlafphase viel weniger (Maquet, 2000). Wurden in einer wissenschaftlichen Studie Teilnehmer*innen beim Schlafen in der REM-Phase aufgeweckt, hatten 60–90 % der Proband*innen Träume, in der Non-REM Phase dagegen nur 25–50 % (Nielsen, 2000). In der Non-REM Phase träumen wir auch anders als in der REM-Phase: Die Träume sind kürzer, weniger emotional, haben weniger Handlung und sind häufig eher wie ein Gedanke (McNamara, Johnson, McLaren, Beauharnais & Auerbach, 2010).

Interessanterweise ist in der REM-Phase die Amygdala im Gehirn sehr aktiv (Agargun & Ozbek, 2006). Die Amygdala spielt eine große Rolle beim Erleben von Angst und Furcht sowie emotionalen Reaktionen in Situationen und könnte erklären, warum wir im Albtraum so viel Angst spüren. An Träume erinnern wir uns am nächsten Tag, weil wir (kurz) in der Nacht aufwachen. Denn nur im wachen Zustand und nicht während des Schlafens kann unser Gehirn Inhalte vom Kurzzeit- ins Langzeitgedächtnis transferieren und später abrufen (Eichenlaub et al., 2014). Bei Albträumen wachen wir meist auf und sind dann länger wach. Das könnte der Grund sein, wieso wir uns besonders gut an unsere Albträume erinnern können und sie vielleicht am nächsten Morgen am Frühstückstisch erzählen.

2. Albträume unterscheiden sich typischerweise von schlechten Träumen darin, dass die schlafende Person aufwacht.

Albträume lösen derart intensive Gefühle aus, dass die träumende Person aus dem Schlaf gerissen wird. Nach dem Aufwachen ist die Person rasch orientiert und munter.

3. Ein nicht zu vernachlässigender Aspekt ist der Leidensdruck, den Albträume bei Kindern auslösen können.

Kinder können sich kurz nach dem Albtraum nur schlecht von den negativen Gefühlen lösen und brauchen die Zuwendung und den Trost der Bezugspersonen. Dies hängt damit zusammen, dass Kinder naturgemäß eine rege Fantasie haben, sie diese aber erst im Alter von ca. 7 Jahren sicher von der Realität trennen können. Kinder können nach einem Albtraum schlechter einschlafen und haben häufig Angst, dass er sie wieder heimsucht. So kommt es vor, dass sie es vermeiden, am nächsten Abend einzuschlafen. In der Schule sind sie müde, denken womöglich noch an den schlimmen Traum und können sich in der Folge nicht gut konzentrieren. Gegenüber anderen Kindern und Erwachsenen sind sie vielleicht reservierter oder gar aufbrausender als sonst. Psycholog*innen sprechen dann von einer Beeinträchtigung im sozialen Bereich.

Emotionen in Albträumen und Albtraumtypen

Neben Angst können auch andere negative Emotionen im Albtraum aufkommen, z. B. Ärger, Ekel, Kummer oder Scham. Aus evolutionspsychologischer Sicht haben sich diese Emotionen gebildet, da sie uns einen evolutionären Vorteil erbringen (Buss, 2006). So schützt uns im Wachleben beispielsweise das Ekelgefühl davor, Giftiges und Verdorbenes zu essen. Ärger weist auf eine persönliche Grenzverletzung durch andere hin. Ausgelöst werden die Emotionen durch Albtraumgeschichten. Die häufigsten Themen sind dabei Verfolgung (49 %), etwas Gruseliges (18%) und Verletzung (17%) (Schredl & Pallmer, 2006) sowie das (Herunter-)Fallen (Schredl & Görlitz, 2018). In Tabelle 2 sind häufige Typen von Albträumen aufgeführt.

Garfield (1984) hat verschiedene Typen von Albträumen identifiziert und kategorisiert. Zu welchem Albtraumtyp passt der Traum Ihres Kindes?

☐ Verfolgung/Bedrohung	☐ etwas Gruseliges	☐ Verletzung/Tod
☐ Verlust von Eigentum	☐ sich verirren	☐ Frustration
☐ Gelähmt sein	☐ (Herunter-)Fallen	☐ Schulprüfung
☐ Katastrophen	☐ Unfall	☐ Entführung
☐ Sonstige Kategorie (spezifiziere):		

Tabelle 2: Typen von Albträumen (Auswahl)

2. ALBTRÄUME BEI KINDERN ERKENNEN

Nun wissen Sie, wie Albträume definiert sind und was ihre wichtigsten Eigenschaften sind. Jetzt wollen wir Sie gleich zu einem kleinen Test einladen: Hier können Sie üben, Albträume bei Kindern zu erkennen. Dies ist wichtig, denn Albträume können auch mit einer anderen Schlafstörung verwechselt werden.

Als Eltern: Denken Sie an die Situation, als das Kind kürzlich einen Albtraum hatte. **Als Fachkraft:** Lassen Sie sich von den Eltern eine Situation beschreiben, in der das Kind vermeintlich einen Albtraum hatte. Alternativ fragen Sie das Kind.

Was trifft Ihrer Meinung nach zu, wenn das Kind „vermeintlich" einen Albtraum hat (bitte entweder linke oder rechte Seite ankreuzen):

☐ Das Kind ist nach dem „Albtraum" wach, ruft die Eltern oder lässt sich leicht wecken.	☐ Das Kind wirkt nicht richtig wach, schreit panikartig oder lässt sich nur schwer wecken.
☐ Das Kind ist nach dem Erwachen schnell orientiert und ansprechbar.	☐ Das Kind wirkt wirr, nicht ansprechbar, weiß nicht, wo es ist, erkennt die Eltern nicht richtig.
☐ Das Kind kann von den Inhalten des „Albtraums" detailliert erzählen (z. B. „Wurde von Monster verfolgt").	☐ Das Kind kann die Inhalte des „Albtraums" nicht wiedergeben und sagt wenig sinnvolle Wörter.
☐ Das Kind hat Angst, lässt sich aber trösten.	☐ Das Kind schreit heftig, ist in Panik, lässt sich kaum trösten, die Eltern fühlen sich dabei ungewöhnlich hilflos.
☐ Das Kind ist körperlich eher passiv, sucht aber den Körperkontakt der Eltern.	☐ Das Kind bewegt den Körper stark, schlägt um sich, wehrt Körperkontakt ab, stößt evtl. die Eltern weg.
☐ Das Kind hat den „Albtraum" ca. 6 Stunden nach dem Einschlafen (letztes Drittel des Schlafs).	☐ Das Kind hat ihn in den ersten 3 Stunden nach dem Einschlafen (erstes Drittel des Schlafs).
☐ Am nächsten Morgen kann sich das Kind an den „Albtraum" erinnern.	☐ Es kann sich nicht an den „Albtraum" erinnern.
Haben Sie mehr Kreuze auf der linken Seite?	Haben Sie mehr Kreuze auf der rechten Seite?
ALBTRAUM	**NACHTSCHRECK**

Sie haben mehr Kreuze auf der linken Seite?[1] Dann handelt es sich um einen Albtraum und Sie haben nun gut einen Albtraum erkannt. Sollte das Kind unter einem Nachtschreck leiden, lesen Sie die Abschnitte unter „Nachtschreck – was ist das und was ist zu tun?".

Nachtschreck – was ist das und was ist zu tun?

Der Nachtschreck ist von allen Schlafstörungen am leichtesten mit Albträumen zu verwechseln. Er erinnert im Vergleich zu einem Albtraum eher an einen Anfall. Dabei sitzt das Kind typischerweise 15–60 Minuten nach dem Einschlafen aufrecht im Bett und schreit, wimmert und/oder weint. Es ist aber nicht ansprechbar, so als wäre es noch „schlaftrunken" und noch nicht richtig wach. Viele Eltern versuchen dann, das Kind wachzubekommen, um zu erfahren, was los ist, und das Kind richtig trösten zu können. Das gelingt jedoch meist nicht. Das Kind erkennt die Erwachsenen und die Umgebung nicht wieder.[2] Oft wird es sogar körperlich aggressiv und stößt z. B. die Eltern weg. Dann wacht es schlagartig auf, erinnert sich nicht an die Episode und kann wieder einschlafen. Am nächsten Tag kann sich das Kind an die nächtliche Situation nicht erinnern oder sich ggf. nur an ein einzelnes Bild aus dem vermeintlichen Albtraum erinnern. In den meisten Fällen jagt der Nachtschreck den Eltern große Angst ein.

Der Nachtschreck erinnert im Vergleich zu einem Albtraum eher an einen Anfall.

In Fachkreisen wird der Nachtschreck jedoch als harmlos eingestuft. Das Störungsbild verschwindet nämlich von selbst wieder und benötigt meist keine Behandlung (Furet, Goodwin & Quan, 2011). Eine Behandlung ist nur bei weniger als einem Prozent erforderlich (Maurer, 2013). Der Nachtschreck kommt ca. bei jedem fünften Kind im Alter von 3–7 Jahren vor, am häufigsten bei 5- bis 6-Jährigen. Er tritt in den ersten 3 Stunden nach dem Einschlafen in der Non-REM-Schlafphase auf (Schredl, Blomeyer & Görlinger, 2000). Nach der Bundeszentrale für gesundheitliche Aufklärung (2023) soll eine ärztliche Abklärung nur erfolgen, wenn der Nachtschreck sehr häufig auftritt oder als sehr belastend erlebt wird. Eine Abklärung sollte auch dann erfolgen, wenn der Nachtschreck noch weiter im Jugendalter vorkommt oder im Jugendalter zum ersten Mal auftritt (Sauseng et al., 2016).

[1] Nicht alle Aussagen müssen zutreffen, damit der Albtraum auch ein Albtraum ist. Zum Beispiel wird das „Aufwachen nach dem Albtraum" als zwingendes Kriterium für einen Albtraum in Fachkreisen kritisiert (Davis, 2009, zit. nach Pietrowsky, 2011). Es ist auch möglich, dass sich ein Albtraum im ersten oder zweiten Drittel des Schlafes ereignet. Aber: In den meisten Fällen tritt ein Albtraum im letzten Drittel auf. Mit dieser Faustregel liegen Sie in den meisten Fällen richtig.

[2] Eine ähnliche Schlafstörung wie der Nachtschreck ist das sogenannte verwirrte Erwachen („confusional arousal" nach ICSD-3). Sie ist im Grundsatz auch harmlos. Für weitere Informationen sei auf den Fachartikel von Sauseng, Rauter und Kerbl (2016) verwiesen.

Gibt es weitere Schlafstörungen, die von Albträumen abzugrenzen sind?

Ja, es gibt noch andere Schlafstörungen wie z. B. Schlafwandeln. Dabei steigt das Kind im Schlaf aus dem Bett, läuft umher und kann sich später im Wachzustand nicht daran erinnern. Diese Nachtaktivität kommt in der ersten Nachthälfte während der Tiefschlafphase vor (Non-REM-Schlaf). Das Schlafwandeln unterscheidet sich deutlich in seinem Erscheinungsbild von Albträumen und ist daher ohne Test leicht zu erkennen. Kinder, die unter einem Nachtschreck leiden, schlafwandeln interessanterweise auch oft (Szelenberger, Niemcewicz & Dabrowska, 2005). Mit Albträumen, Nachtschreck und Schlafwandeln kennen Sie nun die häufigsten drei Schlafstörungen bei Kindern und Jugendlichen (Sauseng et al., 2016). Für weitere Informationen über Schlafstörungen verweisen wir auf das „Praxishandbuch Kinderschlaf" (Wiater, Lehmkuhl & Alfer, 2020).

Mit Albträumen, Nachtschreck und Schlafwandeln kennen Sie die häufigsten drei Schlafstörungen bei Kindern und Jugendlichen.

Weiterhin wichtig zu unterscheiden sind Albträume von schlechten Träumen im Rahmen einer posttraumatischen Belastungsstörung (PTBS). Werden Kinder Zeugen oder gar Betroffene von einem Unfall (z. B. Autounfall), einer Naturkatastrophe (z. B. Erdbeben) oder einer anderen extremen Gewalterfahrung (z. B. Kindesmissbrauch), so kann nach dem ersten Schock eine PTBS entstehen. Kinder sind dann emotional taub und haben plötzlich kein Interesse mehr an Dingen, die für sie sonst wichtig waren. Teilweise können sie auch Verhalten zeigen, das sie nur als jüngeres Kind gezeigt haben und eigentlich schon überwunden haben (z. B. Einnässen). Zudem können sie im wachen Zustand die Traumatisierung wiedererleben in Form von unwillkürlichen Flashbacks. Im Schlaf träumen sie dann immer wieder vom traumatisierenden Ereignis. Im Unterschied zu normalen Albträumen treten posttraumatische Albträume im Schlaf häufig zeitlich schon viel früher als vor dem letzten Drittel des Schlafes auf und sind sogar in der Non-REM-Phase sehr häufig (Hartmann, 1996). Die Abklärung einer PTBS sollte erfolgen, wenn das Kind ein traumatisches Ereignis erlebt hat und es so wirkt, als ob es sich davon nicht erholen kann, das heißt, wenn nach dem traumatisierenden Ereignis die oben beschriebenen Symptome über einen längeren Zeitpunkt bestehen (z. B. 1–3 Monate). Da die Albträume nur ein einzelnes Symptom der Störung sind, sollte eine PTBS von Fachkräften nicht allein mit den Tricks aus dem Buch, sondern mit einem ganzheitlichen Ansatz behandelt werden (z. B. Steil & Rosner, 2009; Thünker & Pietrowsky, 2024 im Druck).

Albträume sind vom Nachtschreck, vom Schlafwandeln oder von den Albträumen, die auf der Grundstörung einer PTBS basieren, zu unterscheiden. Der Nachtschreck ist leicht mit Albträumen verwechselbar, aber in der Regel nicht bedenklich. Falls die anderen Schlafstörungen über einen längeren Zeitraum bestehen, sollten sie von einer Kinderärztin/einem Kinderarzt oder in einer ärztlich-psychologischen Einrichtung begutachtet werden. Posttraumatische Albträume, die als eines von vielen Symptomen nach einem traumatisierenden Ereignis aufkommen, benötigen nach ärztlich-psychologischer Diagnose einen traumaspezifischen Behandlungsansatz.

3. WIE HÄUFIG SIND ALBTRÄUME?

Albträume treten bei Kindern recht häufig auf. In einer Umfrage gaben 44 % der befragten Kinder an, in den letzten Monaten einen Albtraum gehabt zu haben (Gauchat, Seguin & Zadra, 2014). Wird in anderen Studien nach den letzten paar Wochen gefragt, so haben mindestens 30 % der Kinder einen Albtraum (Gauchat et al., 2014). Doch obwohl Albträume sehr präsent im Leben der Kinder sind, gibt es eine gute Nachricht: Sie gelten als natürliches und „gesundes" Entwicklungsphänomen und haben meist keine ernsthaften oder längerfristigen negativen Auswirkungen (Krakow & Neidhardt, 1995). Albträume sind also Teil der kindlichen emotionalen Entwicklung. Natürlich gibt es auch Kinder, die nur sehr selten Albträume haben. Bei ihnen treten Albträume eher als kurzfristige Reaktion auf herausfordernde Situationen auf, etwa in akuten Stressphasen (z. B. Streit) oder in Übergangssituationen (z. B. Umzug, Übertritt auf eine neue Schule). Nach einer kurzen Zeit, z. B. wenn das stressreiche Ereignis vorüber ist, verschwinden die Albträume. Kurz auf den Punkt gebracht: Sollten Albträume bei einem Kind gelegentlich oder in einer speziellen Lebenssituation in einem begrenzten Zeitraum gehäuft auftreten, ist das erst mal kein Grund zur Besorgnis und gehört zur normalen Entwicklung von Kindern.

Albträumen gelten als natürliches und „gesundes" Entwicklungsphänomen und haben meist keine ernsthaften oder längerfristigen negativen Auswirkungen.

Ab welchem Alter beginnen Albträume und wie ist ihr Entwicklungsverlauf?

Albtraumforscher*innen konnten herausfinden, dass Albträume in bestimmten Altersstufen häufiger auftreten und dann wieder abnehmen (Schredl & Pallmer, 1997; siehe Abbildung 1). Im Kleinkindalter kommen die ersten Albträume auf. Nach der Phase der infantilen Amnesie treten im Vorschulalter von 3–5 Jahren Albträume gelegentlich auf. Zudem haben Kinder in diesem Alter Ängste vor der Dunkelheit und Schwierigkeiten, allein zu schlafen. Die Gehirnentwicklung schreitet stark voran. Ab dem Schuleintritt mit ca. 6 Jahren werden Albträume dann sehr häufig. Dieser Häufigkeitsgipfel hält bis ca. dem 10.–12. Lebensjahr an. Nach dieser Phase werden Albträume im Teenageralter typischerweise wieder weniger (Gauchat et al., 2014).

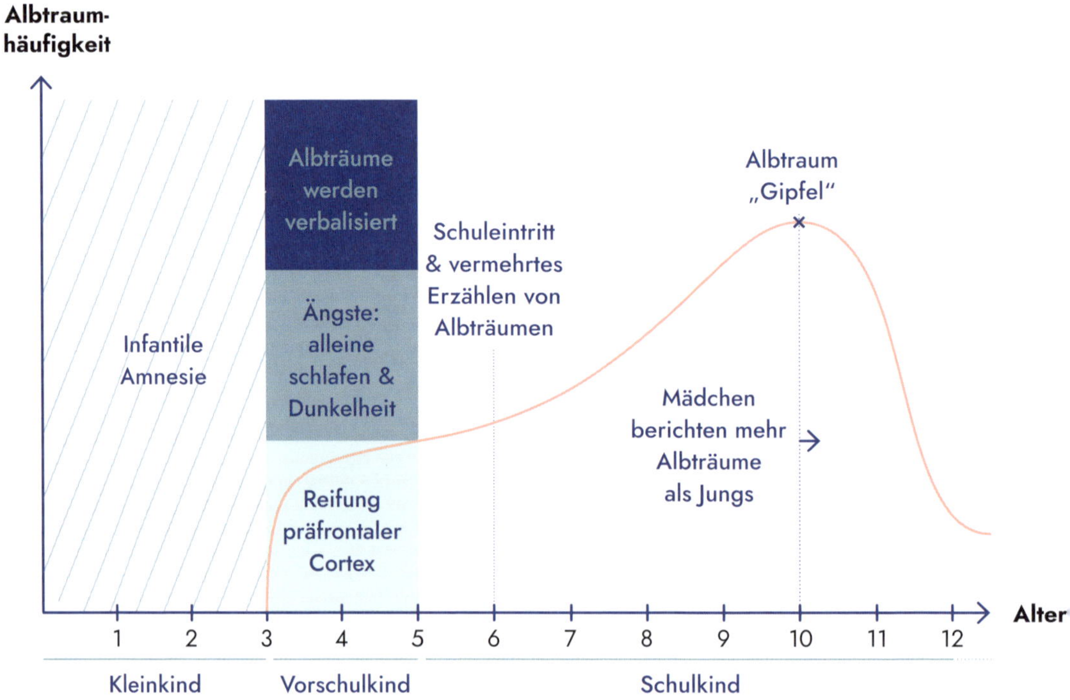

Abbildung 1: Schematische Darstellung der Albtraumhäufigkeit in Abhängigkeit des Alters

Gibt es einen Geschlechterunterschied bei Albträumen?

Die aktuelle Studienlage konnte bei gelegentlichen Albträumen keine eindeutigen Geschlechterunterschiede zwischen Mädchen und Jungen ausmachen. Zwar wurde in einigen Studien bei Mädchen ab ca. 10 Jahren ein höheres Auftreten von Albträumen festgestellt. Jedoch könnte dies auch daran liegen, dass Mädchen eher von Albträumen berichten, da sie sich weniger als Jungen schämen (Gauchat et al., 2014). Was für ein höheres Auftreten bei Mädchen sprechen könnte, ist, dass sie häufig ängstlicher als Jungen sind (Keßels, 1997) und somit ihre Ängste möglicherweise mehr in Albträumen Ausdruck finden.

4. AB WANN SIND ALBTRÄUME BEDENKLICH?

Abbildung 2: Häufigkeit und Schweregrade von Albträumen

Albträume können zu einem echten Störfaktor im Leben der Kinder werden, wenn sie nicht nur gelegentlich, sondern häufig vorkommen. Die Arbeitsgruppe „Traum der Deutschen Gesellschaft für Schlafforschung und Schlafmedizin" hat hierfür eine Daumenregel erstellt: Ein Albtraum pro Woche über einen längeren Zeitraum hinweg ist als problematisch anzusehen (DGSM, 2008). In verschiedenen Studien traten bei 4,7–6,4 % der Kinder mindestens einmal die Woche Albträume auf (Schredl et al., 2000; Coolidge, Segal, Coolidge, Spinath & Gottschling, 2010). In der klinischen Praxis im deutschsprachigen Raum wird die Auftretenshäufigkeit von problematischen Albträumen bei Kindern mit 8–15 % sogar noch höher geschätzt (Müller, 2022). Eine weitere Hilfestellung bezüglich der Häufigkeit gibt das internationale Klassifikationssystem der Schlafstörungen (ISCD-2; American Sleep Disorders Association, 2005). Es teilt die Häufigkeit von Albträumen in drei Schweregrade ein (siehe Abbildung 2).

Albträume sind zudem bedenklich, wenn sie beim Kind Leidensdruck auslösen und sein soziales, schulisches oder persönliches Leben beeinträchtigen. Beispielsweise können Kinder nach intensiven und wiederkehrenden Albträumen nicht mehr schlafen (vermeiden aus Angst vor dem Albtraum, ins Bett zu gehen). Am nächsten Tag sind sie dann müde, können sich in der Schule nicht mehr konzentrieren, sind launisch, haben wenig Energie und plötzlich Angst im Dunkeln.[3] Kommen mindestens einmal die Woche Albträume vor und bestehen Leidensdruck und Beeinträchtigungen, so kann von einer Albtraumstörung[4] gesprochen werden.

Bei Albträumen mit mildem bis moderatem Schweregrad und Beeinträchtigung ist es sinnvoll, das Kind mit den Tricks aus diesem Buch zu behandeln. Das ist wichtig, um das aktuelle Leiden und die Häufigkeit von Albträumen zu reduzieren. Eine Studie von Schredl, Fricke-Oerkermann, Mitschke, Wiater und Lehmkuhl (2009) könnte auch noch einen anderen Grund liefern, warum es wichtig ist, eine Verbesserung

[3] Die hier aufgezählten Folgesymptome von Albträumen sind die Kriterien des internationalen Klassifikationssystems der Schlafstörungen (Version 3).

[4] Erstaunlicherweise wurde im Klassifikationssystem ICD-10 nicht genau festgelegt, ab welcher Auftretenshäufigkeit Albträume bei Kindern als problematisch angesehen werden können.

anzustreben: Die Ergebnisse der Studie zeigten, dass Kinder, die über zwei Jahre lang häufig Albträume hatten, mehr emotionale Probleme berichteten und hyperaktiver waren als Kinder, die seltener Albträume hatten.[5]

Bei ausgeprägtem Schweregrad und Beeinträchtigungen, die mindestens 4 Wochen und länger als 6 Monate anhalten, sollte unbedingt eine Kinderärztin/ein Kinderarzt oder ein Sozialpädiatrisches Zentrum (SPZ) konsultiert werden. Dann ist eine diagnostische Abklärung und ggf. Therapie erforderlich. Eine medikamentöse Behandlungsstrategie bei Albträumen spielt bisher kaum eine Rolle (Müller, 2022; Pietrowsky, 2011). Bei posttraumatischen Albträumen zeigen jedoch erste Studien bzw. Fallberichte an Erwachsenen einen positiven Effekt mit dem Medikament Prazosin (Hudson, Whiteside, Lorenz & Wargo, 2012; Ferrafiat et al., 2020).

Haben Albträume nur Auswirkungen auf das Kind?

Nein, denn ein Punkt wird häufig vergessen: die Auswirkungen der Albträume auf die Eltern. Eine Studie von Cattarius und Schlarb (2016) zeigt nämlich, dass Eltern vermehrt unter Schlafmangel oder nicht erholsamem Schlaf leiden, da Kinder mit Albträumen oft nicht mehr allein schlafen wollen (siehe auch Simor, Horváth, Gombos, Takács & Bódizs, 2012). Eltern sollten sich gegenseitig unterstützen und für ihren eigenen ausreichenden Schlaf sorgen. Fachkräfte sollten Eltern darauf hinweisen und sie beraten.

Zusammenfassung, ab wann Albträume bedenklich sind

Albträume sind normal und sogar Bestandteil gesunder emotionaler Entwicklung bei Kindern. Bedenklich sind sie, wenn sie mindestens einmal in der Woche auftreten sowie starken Leidensdruck und Beeinträchtigungen im Leben des Kindes auslösen. Die Häufigkeit und Beeinträchtigung bestimmen also, ob es sich „nur" um normale Albträume oder eine Albtraumstörung handelt. Eltern von Kindern mit Albträumen haben oft weniger Schlaf und sollten auf den eigenen ausreichenden Schlaf achten.

[5] Dabei bleibt in der Studie unklar, ob tatsächlich die Albträume zu den Symptomen oder die Symptome bzw. Belastungen zu den Albträumen führten.

5. VIER SCHRITTE, WIE ERWACHSENE KINDERN NACH ALBTRÄUMEN HELFEN KÖNNEN

Schritt 1: Trösten und Mitgefühl zeigen

Der erste und wichtigste Schritt, der Kindern hilft, ist Trost, Verständnis und Mitgefühl entgegenzubringen. Oft erleben Kinder Albträume sehr intensiv und sind im ersten Moment nach dem Aufwachen verschreckt und verwirrt. Es ist wichtig, zuerst die Nachwirkungen des Albtraums abzufedern und dem Kind Sicherheit zu vermitteln. Viele Eltern machen dies mit einem schützenden Körperkontakt (z. B. Umarmung) und einfühlsamen Worten (z. B.: „Das ist ja schrecklich, du hattest einen Albtraum. Der hat dir bestimmt viel Angst gemacht. Er ist jetzt vorbei, du bist in Sicherheit."). Kinder sind dann meist schon etwas beruhigt und können wieder schlafen. Bei gelegentlichen Albträumen reicht dieser Schritt oft bereits aus, wenn das Kind beruhigt ist und wieder einschlafen kann. Am nächsten Tag können die Eltern das Kind fragen, wie es ihm mit dem Albtraum von letzter Nacht ging.

Schritt 2: Mit dem Kind über den Albtraum sprechen

Kinder haben häufig automatisch ein Bedürfnis, dem Erwachsenen von der – oft wirren – Albtraumgeschichte zu erzählen. Alternativ sollten Eltern und Fachkräfte mit einer interessierten Haltung nachfragen, was denn im Albtraum passiert ist oder was dem Kind so viel Angst gemacht hat. Dies ist eine förderliche Intervention, da es eine erste Konfrontation mit unangenehmen Gefühlen ist und Albträume dadurch weniger häufig auftreten (AG Traum der Deutschen Gesellschaft für Schlafforschung & Schlafmedizin, 2023). Das gilt besonders für ängstliche Kinder und solche, die eher zur Vermeidung unangenehmer Gefühle neigen. Zudem unterstützen Eltern und Fachkräfte automatisch das Kind dabei, die Handlung des Albtraums besser zu verstehen. Empfehlenswert ist es auch, die Schlüsselszene der Handlung des Albtraums aufmalen oder aufschreiben zu lassen. Bei häufigen Albträumen empfiehlt es sich, die Albträume nach dem Aufwachen zu protokollieren oder kurz aufzumalen.

Schritt 3: Anteilnahme an den negativen Gefühlen des Kindes

Dabei formulieren die Eltern oder Fachkräfte das emotionale Moment in der Albtraumgeschichte so, wie sie glauben, dass es sich für das Kind angefühlt hat („Ich sehe, wie ängstlich du bist, wenn du davon erzählt, dass das Monster aus dem Gebüsch gesprungen ist und dich auffressen wollte. Stimmt das?"). Das ist das „Microtracking der Emotion" (Bachg, 2004). Wichtig dabei ist, dass das Kind sich von Eltern bzw. Fachkräften emotional verstanden fühlt (z. B.: „Ja, so hat es sich angefühlt."). Im Anschluss ist es hilfreich, wenn Erwachsene darauf reagieren und dem Kind sagen, wie sie es finden, dass das Kind so fühlt. Das Kind soll also eine Ahnung davon bekommen, wie sie auf seinen Zustand emotional reagieren („Das finde ich schrecklich, dass du so viel Angst erleben musstest und das Monster dich so fies erschreckt hat."). Wichtig ist, dass die Eltern und Fachkräfte das Kind erleben lassen, dass seine Gefühle als Reaktion auf den Albtraum berechtigt sind. Dann können sie dem Kind noch mal Mut machen, dass es den Albtraum und die damit zusammenhängenden negativen Gefühle bewältigen wird.

Schritt 4: Aufklärung über Albträume

Im vierten Schritt kann mit Kindern darüber gesprochen werden, was Albträume sind und was es mit ihnen auf sich hat. Je nach Entwicklungsstand können Kinder bei ihrem Albtraum die Wirklichkeit und Fantasie noch nicht gut voneinander trennen. Erst zwischen 5 und 7 Jahren können Kinder sicher Wirklichkeit und Fantasie trennen (Siegler, Eisenberg, DeLoache & Saffran, 2016). Davor werden, aufgrund der kognitiven Entwicklung, viele Fantasien für echt gehalten (z. B. Gespenst im Zimmer). Zudem haben Kinder häufig Fehlannahmen oder dysfunktionale Gedanken über Albträume. Wenn sich z. B. die Mutter im Traum verletzt, denkt das Kind vielleicht, der Traum könnte ein Ereignis im echten Leben vorhersagen („magisches Denken": Die Mutter wird sich am nächsten Tag verletzen). Daher sollte Kindern in jedem Fall Wissen über Albträume, sogenannte Psychoedukation, vermittelt werden (siehe Tabelle 3).

Kinder über Albträume aufklären

Was sind Albträume?	Albträume sind wie ein nächtliches Kopfkino, bei dem man schlechte Gefühle erlebt und aufwacht
Normalisieren von Albtrauminhalten	In Albträumen passieren manchmal Dinge, die in echt nicht möglich sind. Wie im Kino fühlen sich die Bilder zwar echt an, haben aber nichts mit der Realität zu tun. Man ist nicht verrückt oder peinlich, wenn man einen Albtraum hat oder von komischen oder schrecklichen Sachen träumt
Auswirkungen von Albträumen	Albträume können die Zukunft nicht vorhersagen: Dinge, die in Albträumen passieren, geschehen in der Regel nicht in echt

Tabelle 3: Psychoedukation bei Kindern

Eltern und Fachkräfte haben oft ein intuitives Gespür und führen diese Schritte oder Teile davon häufig automatisch durch. Die ersten zwei Schritte sind wichtige Basisschritte. Je jünger und ängstlicher ein Kind ist, desto mehr Gewicht sollte auf Schritt 1 liegen. Schritt 2 sollte in der Nacht nur kurz erfolgen. Wenn das Kind nach Schritt 1 und/oder 2 etwas beruhigt ist, kann gefragt werden, ob es nun wieder einschlafen kann. Mit Schritt 3 gehen Sie in die Tiefe der Gefühle. Für Fachkräfte kann dieser Schritt für das Verstehen und Regulieren von Gefühlen relevant sein. Wenn die Angst im Zusammenhang mit dem Albtraum etwas abgenommen hat (z. B. am nächsten Tag), kann Schritt 4 erfolgen.

6. DER SINN VON ALBTRÄUMEN

Ob es sich um eine Verfolgungsjagd handelt oder um einen Dinosaurier, der auf einmal am Küchentisch sitzt: In Albträumen ereignen sich faszinierende und gruselige Geschichten, mit denen oft nicht einmal Kinofilme mithalten können. Forscher haben hoch spannende Theorien aufgestellt, um die Frage zu beantworten, was der Sinn von Albträumen ist.

Psychoanalytische Positionen

Der Begründer der Psychoanalyse, Sigmund Freud, nahm an, dass der Sinn des Träumens eine Wunscherfüllung ist: Was wir träumen, seien unsere wahren, aber im Wachleben sonst unterdrückten Wünsche, Gefühle und Bedürfnisse. Im Traum, den wir erinnern, sind sie nicht direkt, sondern verzerrt dargestellt. Sie müssen mittels Traumdeutung aus dem Unbewussten erschlossen werden. Da im Traum Wünsche befriedigt werden, werden wir nicht beunruhigt und wachen nicht aus dem Schlaf auf. Weitere psychoanalytische Annahmen sind, dass in Albträumen bedeutungsvolle Gefühle aus dem Alltag verarbeitet werden und diese im Zusammenhang mit Entwicklungsphasen und -aufgaben stehen (z. B. Ablösung von der Mutter, Selbstständigkeit etc.; Krakow & Neidhardt, 1995).

„Albträume haben Bedeutung und spiegeln Entwicklungsaufgaben."

Freuds Theorie wird kritisiert, da sie Albträume nicht gut erklären kann (Pietrowsky, 2011). Denn gerade bei Albträumen wachen wir auf, womit der Sinn für Albträume unklar bleibt.[6] Zudem fallen Traumdeutungen so unterschiedlich aus, dass sie nicht objektiv erscheinen (Meyers, 2015).

[6] Freud hat Albträume theoretisch unter anderem mit der Erfüllung von Wünschen des Über-Ichs erklärt. Zum Beispiel erhält man im Traum eine Strafe, die sich entlastend anfühlt, weil man an etwas Schuld ist (Pietrowsky, 2011).

Kontinuitätshypothese

Nach Schredl und Hofmann (2003) spielen im Traum die gleichen Gefühle und Themen eine Rolle, die am Tag im wachen Zustand erlebt wurden (siehe Tabelle 4). In Albträumen werden demnach schlechte Gefühle und Ängste aus dem Alltag gespiegelt. Interessanterweise werden die Gefühle im Albtraum intensiver als in der Alltagssituation erlebt. In Albträumen können wir uns also noch mal mit schwierigen und intensiven Gefühlen aus dem Alltag auseinandersetzen und sie erneut verarbeiten.

„Die Gefühle und Themen des Alltags werden im Albtraum gespiegelt."

Beispiele für die Kontinuitätshypothese

Beispiele Albtraum	Mögliches vorausgehendes Ereignis im Alltag
1. Ein Einbrecher im Kinderzimmer (Gefühle = Überraschung und Angst)	Ein fremdes Kind hat dem Kind unerwartet einen bösen Streich gespielt
2. Das Kind wird von einem Monster mit Hausaufgaben in der Hand verfolgt (Gefühle = Wut und Ärger)	Das Kind hat die Hausaufgaben nicht erledigt, da es lieber mit Freunden gespielt hat. Der Lehrer spricht es an und tadelt das Kind

Tabelle 4: Beispiele für die Kontinuitätshypothese

Mastery-Hypothese

Nach Breger, Huner und Lane (1971) träumen wir Belastendes aus dem Alltag, damit wir Lösungen dafür finden. Der Traum ermöglicht gedankliches Probehandeln und eine Auseinandersetzung mit Problemen.

Ängstliche Kinder haben häufig Albträume und träumen von ihren angstbesetzten Erfahrungen aus dem Alltag. Möglicherweise ist dies ein Versuch, eine neue Lösungsstrategie für die angstbesetzten Erfahrungen zu erproben. Denken Sie doch daran, wie häufig Sie in Reaktion auf ein Alltagsproblem etwas tun wollten, es aber nicht konnten (z. B. Ärger zu zeigen war „unvernünftig"). Im Albtraum kann eine andere Reaktion auf das Alltagsproblem ausprobiert werden (z. B. Ärger zeigen). Dies könnte besonders bei Kindern hilfreich sein. Schließlich erleben sie im Vergleich zu Erwachsenen viele Situationen zum ersten Mal.

„Eine Lösung für eine belastende Alltagssituation finden und erproben."

Die Gefahrensimulationstheorie (evolutionäre Funktion des Träumens)

Mit der Gefahrensimulationstheorie wird angenommen, dass Träumen eine evolutionäre Funktion erfüllt. Träumen soll demnach ein „biologischer Abwehrmechanismus" (Valli et al., 2005) sein und bedrohliche Ereignisse des Alltags im Albtraum simulieren (z. B. beschämende Situationen, aggressive Tiere etc.). Somit soll Träumen die Gefahrenwahrnehmung und -vermeidung verbessern, um im echten Leben besser darauf vorbereitet zu sein. Dies soll die Überlebenschancen erhöhen (Revonsuo, 2000).

> **„Albträume sind ein nächtliches Training, um uns resilienter zu machen."**

Welche Theorie erscheint für Sie plausibel?

Wir finden alle Theorien faszinierend und glauben, dass es womöglich mehr als einen Sinn von Albträumen gibt. Für die Zwecke dieses Buches ist es besonders hilfreich, sich Albträume aus der Perspektive der Kontinuitätshypothese und der Mastery-Hypothese zu erklären und Kinder so besser zu verstehen. Kinder machen viele neue und wichtige Erfahrungen. Viele davon sind leider auch bedrohlich und schwierig. Dies spiegelt sich in ihren Albträumen wider (Kontinuitätshypothese). Trotzdem nehmen Kinder diese Herausforderungen an und versuchen, sie zu bewältigen (oder vermeiden sie). Dabei gilt es, viele Wege auszuprobieren und letztendlich eine gute Lösung zu finden (Mastery-Hypothese). Wir wollen Kinder auf diesem Weg mit ihren Albträumen verstehen und mit ihnen neue Lösungen finden, um Albträume wieder in gute Träume zu verwandeln. Lässt sich dies in der Praxis umsetzen?

Um die Kontinuitätshypothese und die Mastery-Hypothese herunterzubrechen, können Eltern und Fachkräfte als ersten Schritt sich ganz einfache Fragen darüber stellen, was gerade im Leben des Kindes los ist. Dabei geht es nicht darum, den einzig „wahren" Grund für die Albträume zu finden, sondern sich ein Bild über die Situation des Kindes zu machen:

- Gibt es Gründe für das Kind, in der aktuellen Lebenssituation Angst zu haben oder unsicher zu sein?
- Wie ist die aktuelle Familien- und Schulsituation, und welche Stressoren gehen damit einher (gibt es z. B. gerade einen Streit in der Familie oder ist ein Umzug geplant)?
- Was ist die aktuelle Entwicklungsaufgabe des Kindes (z. B. Schuleintritt, mit anderen Kindern auskommen), und was macht diese gerade besonders schwierig (z. B. Geburt eines Geschwisterkindes)?

Als zweiter Schritt ist es lohnenswert zu überlegen, was der Inhalt des Albtraums mit dem Alltag des Kindes zu tun haben könnte. Natürlich ist nicht immer ein

Zusammenhang erkennbar oder vorhanden. Zuvor haben Sie einen Albtraum beschrieben und dafür Typen bestimmt. Garfield (1984, 2001) hat basiered auf ihrer therapeutischen Praxis verschiedenen Typen von Albträumen eine emotionale Ursache im Alltag zugeordnet. Denken Sie noch mal an den Albtraum des Kindes. Könnte er vielleicht eine emotionale Situation aus seinem Alltag repräsentieren (vgl. Schredl & Pallmer, 1997)?

Albtraumtypen und mögliche emotionale Ursachen im Alltag (Garfield, 1984, 2001)

Albtraumtyp	Mögliche emotionale Ursache im Alltag
Verletzung oder Tod	Das Kind wurde emotional verletzt oder in einer sozialen Situation niedergemacht. Bei Verletzung/Tod anderer: Das Kind hat Angst, jemanden zu verlieren
Verfolgung	Ein Problem verfolgt das Kind und setzt es unter Druck
Verlust von Eigentum	Etwas Bedeutendes wurde entwendet oder ging verloren
Gelähmt- oder Eingesperrt-Sein	Das Kind ist mit seinem Problem alleine, kann keine Lösung finden und hat Angst, sich daraus nicht befreien zu können
Katastrophen	Probleme sind so groß, dass sie das Kind überwältigen
Frustration	Ablehnung durch andere oder eigene Bedürfnisse werden nicht gesehen
Schulprüfung	Andere Personen wollen das Kind prüfen und es ist noch nicht bereit dafür
Entführung	Das Kind fühlt sich verunsichert
Sich gruseln	Das Kind hat vor etwas Unbekanntem Angst
Sich verirren	Das Kind wird sitzengelassen und weiß nicht weiter
Fallen	Verlust von Kontrolle und Sicherheit, bei gleichzeitiger fehlender Hilfe durch andere

Unfälle	Etwas im Leben des Kindes ist nicht unter Kontrolle
Zu spät sein	Das Kind verpasst eine wichtige Gelegenheit
Nackt sein	Das Kind fühlt sich vor anderen bloßgestellt

Tabelle 5: Psychologische Interpretation von Albträumen nach Garfield (1984, 2001)

Im dritten Schritt kann nachgefragt werden, wie sich das Kind aufgrund der emotionalen Ursache im Alltag gefühlt hat (z. B. traurig, weil es in einer sozialen Situation niedergemacht wurde). Dann kann es getröstet oder auf eine andere Weise reguliert werden. Natürlich spielen Lebensereignisse (z. B. Bruder wird geboren) und aktuelle Entwicklungsaufgaben des Kindes (z. B. mit anderen Kindern auskommen) auch eine Rolle. Wie im Beispiel können sich aktuelle Ereignisse und Entwicklungsaufgaben „zwicken". Im Anschluss kann gemeinsam nach unterschiedlichen Lösungen für das Problem im Alltag gesucht oder nachgespielt werden (z. B. wie man sich in der sozialen Situation besser hätte verteidigen oder Unterstützung durch andere hätte holen können etc.).

7. FLORAS FUCHSTRICK: IMAGERY-REHEARSAL-THERAPY (ALBTRAUMTHERAPIE)

Schnelligkeit der Durchführung:

Effektivität:

Alters- und Anwendungsbereich: ab ca. 6 Jahren, bei allen schlechten Träumen und Albträumen, Kinder mit Ängsten, bei häufigen, belastenden oder wiederkehrenden Albträumen

„Manchmal sind wir der Held, manchmal der Bösewicht; manchmal erleben wir die herrlichsten Dinge und sind glücklich; oft werden wir in höchsten Schrecken versetzt. Doch welche Rolle wir auch immer im Traum spielen, wir sind der Autor, es ist *unser* Traum, wir haben die Handlung erfunden."

(Erich Fromm, 1989, S. 173)

Die Handlung im Albtraum, die wir nachts träumen, haben wir unbewusst selbst erfunden. Wir sind also die Drehbuchautor*innen unseres eigenen Horrorfilms. Wenn wir die Handlung eines Albtraums erfunden haben, dann können wir sie nach Belieben verändern. Mit Floras Fuchstrick schreiben wir den nächtlichen Albtraum im wachen Zustand in einen guten Traum um. Wie ein*e Regisseur*in schneiden wir die ängstigenden Szenen aus dem Horrorfilm heraus und ändern ihn zu einem harmlosen Film mit Happy End. Es klingt erstaunlich, aber wenn das Kind wieder schläft, fügt sich das umgeschriebene neue Happy End automatisch in den Traum ein, und das Kind kann endlich wieder gut schlafen. Das ist das Prinzip von Floras Fuchstrick („Imagery-Rehearsal-Therapy"; IRT).

Wann und wie ist die Technik anwendbar?

Die Technik ist besonders für Kinder ab 6 Jahren geeignet, die ihre Träume schon recht gut nacherzählen können. Bei ängstlichen Kindern hilft die IRT in der Regel sehr, da ängstliche Gefühle konfrontiert und reguliert werden. Die IRT ist die effektivste Methode gegen Albträume. Besonders Albträume, die sehr belastend oder wiederkehrend auftreten, können gut mit ihr behandelt werden. Zudem hat die IRT einen generalisierenden Effekt: Wird ein spezifischer Albtraum mit der IRT bearbeitet, so sinkt die Auftretenswahrscheinlichkeit oder die negative Intensität anderer Albträume.

Zu beachten: Es ist sinnvoll, zuerst Willis Trick (Schlafhygiene) mit dem Kind durchzuführen. Der Grund liegt darin, dass bereits das Verbessern der Schlafhygiene bei Kindern zu einer Reduktion von Albträumen führt (im Alter bis zu 4 Jahren: Schlarb, Brandhorst & Hautzinger, 2011; von 5–10 Jahren: Schlarb, Velten-Schurian, Poets & Hautzinger, 2010). Daher ist es im Vorfeld wichtig, die Schlafhygiene zu verbessern und zu beobachten, ob sich bei den Albträumen in Bezug auf die Auftretenshäufigkeit und das Angstlevel etwas verändert.

Wie funktioniert die Technik?

Die IRT umfasst sieben Schritte (Thühnker & Pietrowsky, 2021):

1. **Psychoedukation und Fragen zu Albträumen beantworten**
2. **Albtraum nacherzählen**
3. **Albtraum malen und Angst erkennen**
4. **Albtraum verändern**
5. **neue Handlung bzw. Ende einzeichnen**
6. **neues Bild anschauen**
7. **ggf. Wiederholung der Schritte mit anderen Albträumen**

1. Psychoedukation und Fragen zu Albträumen beantworten: Kindgerecht erklären, was ein Albtraum ist

Zuerst ist es wichtig, dem Kind zu erklären, was Träume und Albträume sind. Hierbei kann auf den entsprechenden Abschnitt aus dem Kinderteil zurückgegriffen werden. Oft haben Kinder dysfunktionale Fehlannahmen über Albträume. Sie glauben beispielsweise, dass Albträume und deren Handlung sich auf das reale Leben auswirken. Eltern und Fachkräfte sollten bei Kindern konkret nachfragen, was sie über ihre Albträume denken. Im Anschluss sollten Albträume normalisiert werden („Jeder hat sie hin und wieder"). Auch hilft es, den Kindern zu sagen, dass sie sehr belastende oder häufige Albträume nicht ertragen müssen und es Tricks oder Hilfen gibt. Zudem ist es wichtig, ihnen regelmäßig den Raum zu geben, über ihre alltäglichen Erlebnisse, Sorgen und Belastungen zu sprechen.

Mögliche Schwierigkeiten bei diesem Punkt

Das Kind träumt immer wieder von einem schlimmen Ereignis, das es selbst erlebt hat und dessen Leben bedroht hat. In diesem Fall sollte eine Kinderärztin/ein Kinderarzt aufgesucht werden, damit eine mögliche posttraumatische Belastungsstörung ausgeschlossen werden kann.

2. Albtraum nacherzählen: Was ist die Handlung des Albtraums?

Das Nacherzählen des Albtraums ist ein wichtiger Teil der IRT, denn allein einen Albtraum zu erzählen oder zu zeichnen, hat einen positiven Effekt. Durch das Erzählen kommt es zur Auseinandersetzung und Konfrontation mit den Inhalten des Albtraums und den damit verbundenen negativen Gefühlen. Das Vermeiden einer solchen Konfrontation führt zu einer Aufrechterhaltung und häufig auch zu einer Verstärkung der Angstgefühle.

Das Kind sollte den Albtraum einer Bezugsperson oder Fachkraft in einer lockeren Atmosphäre erzählen. Der Erwachsene sollte optimalerweise (Verständnis-)Fragen zu dem Albtraum stellen und eine interessierte und mitfühlende Haltung gegenüber dem Kind einnehmen. Hilfreich ist es auch, wenn das Kind bei häufigen Albträumen ein Tagebuch führt und kurz den Inhalt des Albtraums verschriftlicht (Stichpunkte reichen dabei).

Mögliche Schwierigkeiten bei diesem Punkt

Das Kind weiß nicht, welchen Albtraum es auswählen soll. Am besten wählt das Kind einen Albtraum aus, der sehr häufig vorkommt oder immer wieder die gleiche Handlung hat. Hilfreich ist es auch, einen Albtraum zu wählen, der erst kürzlich geträumt wurde oder noch sehr gut in Erinnerung ist. Fällt dem Kind kein Albtraum ein oder kann es sich nicht mehr genau genug daran erinnern, dann soll es ein Traumtagebuch führen oder direkt nach dem Aufwachen den Albtraum einer Bezugsperson erzählen.

Das Kind möchte den Albtraum nicht erzählen, weil er ihm zu viel Angst macht. Dem Kind kann Mut gemacht werden. Sollte es dennoch klar signalisieren, dass es zu viel Angst hat, sollte es nicht dazu gedrängt werden, den Albtraum zu erzählen. Ist es unklar, ob der Albtraum dem Kind zu viel Angst macht, kann die Angstskala genutzt werden. Ist sie sehr hoch ausgeprägt, kann ein anderer, weniger ängstigender Albtraum ausgewählt werden. Ist das Kind so ängstlich, dass es überhaupt keinen Albtraum erzählen möchte, so kann mit einem normalen Traum begonnen und dann mit einem Albtraum weitergemacht werden, der dem Kind mehr Angst macht.

Das Kind kann nur einen kleinen Teil der Handlung im Albtraum erinnern, oder der Albtraum ist eher bizarr und hat wenig Handlung. Auch in diesen Fällen reicht es aus, einen kleinen Teil der Handlung des Albtraums zu erinnern und zu verändern. Denn es ist relevant, den Punkt im Albtraum herauszuarbeiten, der das Kind am meisten ängstigt oder einen Wendepunkt in der Handlung einleitet.

3. Albtraum malen und Angst erkennen: Identifizieren, welche Teile im Albtraum Angst machen

In diesem Schritt soll das Kind ein Bild seines Albtraums malen. Hierbei kann es sich nur um die Schlüsselszene handeln. Ältere Kinder können den kompletten Albtraum wie ein Comic zeichnen. In der Zeichnung sollen die Dinge eingekreist werden, die den Albtraum zum Albtraum machen und das Kind ängstigen. Das Kind soll entscheiden, welche Teile im Albtraum bleiben dürfen. Ziel ist es, dass das Kind selbst einschätzen kann, wie viel negative Gefühle die verschiedenen Elemente im Albtraum machen (z. B. angreifende Krake = viel Angst, Dunkelheit = nur wenig Angst etc.). So kann entschieden werden, welche Dinge verändert werden müssen und welche ganz aus dem Albtraum entfernt werden sollen. Am besten ist es, so nah wie möglich an dem Hauptstrang der Handlung oder den Protagonisten des Albtraums zu bleiben.

4. Albtraum verändern: Drei neue Happy Ends für den Albtraum erfinden und eines davon auswählen

Nach dem Einkreisen der ängstigenden Elemente soll das Kind überlegen, wie es sie zu neutralen oder positiven Elementen hin verändern kann. Kinder sind ungemein kreativ und haben im Vergleich zu Erwachsenen schnell Ideen. Elemente des Albtraums, die dem Kind sehr viel Angst machen, sollten abgeschwächt oder ganz aus der neuen Traumhandlung entfernt werden. Beispielsweise könnte die angreifende Krake ganz entfernt und durch verschiedene kleine Fische ersetzt werden. Alternativ könnte die Krake auch im Traum bleiben, wenn sich die träumende Person ausreichend gegen sie schützt, z. B. durch ein großes und sicheres U-Boot, vor dem die Krake Angst hat. Entscheidend ist, ob das Kind dann immer noch übermäßig viel negative Gefühle hat (z. B. viel Angst) oder ob es sich mit dieser Lösung „okay" fühlt.

Wichtig ist es, ein gutes oder langweiliges Ende einzufügen. Suchen Sie gemeinsam die Lösung aus, die sich für das Kind am besten anfühlt. Das Kind sollte unterstützt werden, eine aktive Lösung zu finden (Schredl, 2006). Anstatt im Albtraum vor dem Monster wegzulaufen (passive Lösung), kann z. B. ein mächtiger Helfer (aktive Lösung) eingebaut werden. Nachdem das Kind das Happy End oder das langweilige Ende eingefügt hat, kann mit der Angstskala noch einmal überprüft werden, wie viel Angst das Kind hat. Für Kinder ist es wichtig zu sehen, dass sie schon jetzt einen Erfolg eingefahren haben und ihre Angst senken konnten. Dies gibt ihnen ein Gefühl von Kontrolle zurück.

Mögliche Schwierigkeiten bei diesem Punkt

Was machen, wenn das Kind nicht weiß, wie es die Handlung verändern kann? Helfen Sie dem Kind mit Stichwörtern, Lösungen aus bekannten Geschichten und Märchen. Brainstormen Sie gemeinsam („Was könnte gegen das Monster alles helfen? Wir sammeln und dann entscheiden wir."), aber versuchen Sie, dem Kind die Entscheidung darüber zu überlassen. Anbei finden Sie einige Beispiele für Lösungen. Diese sollen nur Anregungen für Eltern sein, um das Kind ggf. beim Brainstormen zu möglichen Lösungen zu unterstützen.

Traumthemen und mögliche Lösungen

Traumthema	Beispiele für mögliche Lösungen
(Herunter-) Fallen	Kind hat Flügel, Fallschirm, Flugzeug oder Hubschrauber; Vogel oder andere fliegende Tiere kommen zur Rettung; auf Wolke, Matratze oder Kissen fallen
Verfolgung oder Bedrohung	• Schutzobjekte: Rüstung, magische Barriere, Unsichtbarkeitsmantel • Angreifer in Käfig einsperren, Polizei oder Feuerwehr kümmern sich • Fähigkeiten und Tränke: Flügel, um wegzufliegen, Trank, der das Kind groß und stark macht • Böse Menschen/Monster haben gute Absichten: bringen ein Geschenk, wollen zusammen spielen, vermeintlicher Angreifer läuft dem Kind nur hinterher, weil es etwas vergessen hat (z. B. Geldbörse, Handy etc.) • Angreifer hat Gefühle: Angreifer im Wald hat selbst Angst vor der Dunkelheit und möchte nur einen Mitstreiter, der ihn beschützt
Alleinsein	Ein Promi überrascht das Kind; das Kind ist nicht einsam, es ist nur ein Versteckspiel, und das Kind sucht gleich die anderen Kinder
Monster	Magisches Spray: Anti-Monster-Spray (ähnlich wie das Albtraum-Abwehr-Spray), Knoblauch-Spray gegen Vampire, Superkräfte von Superhelden verliehen bekommen
Gewalt	Der große Irrtum: Es war nur ein Theaterstück, z. B. Messer ist Requisite aus Schaumstoff, Blut ist Kunstblut oder Ketchup (vgl. Keßels, 2004)
Leistung	Es ist nur eine Probe-Schulaufgabe ohne Noten bzw. Bewertung, das Kind lernt gut und bekommt doch eine gute Note
Weitere hilfreiche Aspekte	Helfer*innen einbauen: Eltern, Geschwister, Autoritätspersonen (Polizei, Feuerwehr), Klassenkamerad*innen, Superheld*innen

Tabelle 6: Traumthemen und mögliche Lösungen

5. Neue Handlung bzw. Ende einzeichnen: Das Kind zeichnet nun den Albtraum mit der neuen, nicht ängstigenden Handlung auf ein neues Blatt Papier
Alternativ kann es auch ein Pergamentpapier über die alte Zeichnung legen und die neue Handlung oder Elemente einzeichnen. Lassen Sie das Kind erzählen oder das gemalte Bild mit der neuen Geschichte anschauen und stellen Sie Fragen dazu.

Beispiele: Was macht die Krake dann im Wasser, wenn du im U-Boot bist? Wie fühlt sich das U-Boot an? Bist du darin sicher?

Sollte das Kind die Geschichte nicht gut verstehen können oder noch viel negative Gefühle haben, so können Sie gemeinsam noch mal zu Schritt 4 zurückgehen und ein neues Ende ausdenken.

6. Neues Bild anschauen: Die neue Handlung mit dem neuen Ende täglich anschauen und einprägen
Das Kind soll sich nun die neue, selbst ausgedachte Geschichte anschauen und sie sich vor dem inneren Auge vorstellen (mindestens 2 Minuten pro Tag für 14 Tage). Dies ist wichtig, damit es im Schlaf den Traum in der neuen Version träumt.

7. Gegebenenfalls Wiederholung der Schritte mit anderen Albträumen: Wird der Albtraum weniger häufig oder intensiv geträumt oder ist komplett verschwunden, dann haben sie es geschafft
Glückwunsch! Typischerweise werden nun auch andere Albträume mit ähnlichen Themen (z. B. Verfolgung) weniger. Kommen neue Albträume (z. B. mit anderen Themen), kann einer davon ausgewählt werden und wieder die Schritte 1–6 durchgeführt werden.

Ist die Technik wirksam?

Die IRT gilt als die aktuell führende Therapiemethode zur Behandlung von Albträumen. Der Wissenschaftler und Schlafforscher Barry Krakow entwickelte sie mit seinem Forschungskollegen in den USA. Wissenschaftliche Studien konnten die Wirksamkeit seiner Therapiemethode nachweisen. Auch im Vergleich zu anderen Therapiemethoden gegen Albträume lieferte die IRT bessere Ergebnisse. Zwar wurde die IRT bei Kindern noch nicht so intensiv beforscht wie bei Erwachsenen, jedoch konnte die Wirksamkeit auch bei Kindern und Jugendlichen in Studien und Fallberichten nachgewiesen werden (Wiseman, 1989; Schredl, 1998; St-Onge, Mercier & De Koninck, 2009; Simard & Nielsen, 2009). Auch deutsche Experten wie z. B. Professor Schredl vom Schlaflabor des Mannheimer Zentralinstituts für seelische Gesundheit empfehlen die IRT für Kinder

(Schredl & Hoppe, 2019). Ganz konkret konnte die IRT die Angst und Sorgen vor Albträumen reduzieren (Nielsen & Simard, 2009) und die Albtraumhäufigkeit senken (Krakow et al., 2001).

Neben der Wirksamkeit ist die IRT leicht durchführbar und zeigt gute Effekte, sogar nach nur einer Sitzung (Lüth, Schmitt & Schredl, 2021). Zudem kann sie leicht von Nicht-Psycholog*innen wie Eltern, Bezugspersonen, Lehrer*innen und anderen Fachkräften mittels einer kurzen Anleitung durchgeführt werden. Tatsächlich ist dies ein wichtiger Punkt, da es nicht genügend IRT-ausgebildete Psycholog*innen gibt (Lancee, Effting & Kunze, 2021). Der Kinderteil in diesem Buch mit Floras Fuchstrick soll hier einen Beitrag leisten und als Anleitung für Kinder und deren Bezugspersonen und Fachkräfte dienen.

Wie wirkt die Imagery Rehearsal Therapy (IRT)?
Die Imagery Rehearsal Therapy (IRT) wirkt über zwei Wege: Konfrontation und „Feelings of Mastery".

1. Konfrontation

Das Kind wird mit seinen Albträumen konfrontiert, die es eigentlich vermeiden will. Allerdings wird die Angst bei Konfrontation und Gewöhnung in der Regel kleiner. Interessanterweise fand Keßels (2004) in ihrer Studie über Albträume bei Kindern genau diesen Zusammenhang: Die Kinder, die als Umgangsstrategie ihren Albtraum vergessen wollten, hatten weiterhin viel Angst vor ihm. Kinder mit konfrontativen Strategien, wie z. B. ein Bild über den Albtraum zu malen, hatten keine oder weniger Angst. Sinnvoll ist es daher, dass Kinder sich konfrontieren, indem sie von ihrem Albtraum erzählen, ein Bild malen oder ein Albtraumtagebuch führen.

2. Feelings of Mastery („Gefühle, etwas zu meistern")

Neben diesem Effekt soll das Kind aber nicht nur lernen, dass die Konfrontation die Angst mildert: Es soll auch lernen, dass es dem Albtraum nicht hilflos ausgeliefert ist, sondern etwas dagegen tun kann. Wenn das Kind Albträume durch eigene kreative Ideen verändern kann, fühlt es Selbstwirksamkeit und hat das Gefühl, etwas zu meistern (Feelings of Mastery). Besonders eindrücklich ist es für Kinder, wenn sie die neue Traumhandlung tatsächlich träumen. Dann erleben sie, dass sie schreckliche Albträume durch eigene Kraft besiegen können. Auf dem Weg dahin können kleine Fortschritte in der Angstreduktion mit der Angstskala registriert und honoriert werden (z. B. Vorher-nachher-Effekt: mehr Angst vor dem Erzählen, weniger Angst nach dem Erzählen).

Zu guter Letzt noch ein Tipp: In der Studie von Nielsen und Simard (2009) wurde die IRT bei Kindern durchgeführt. Dabei hatte es neben der IRT einen zusätzlichen Effekt, wenn das Kind noch Kontakt zu einer dritten Person hatte und es dabei um seine Albträume ging. Daher könnte es hilfreich sein, wenn das Kind seinen Albtraum oder die veränderte Handlung des Albtraums einer weiteren Person berichtet (z. B. Großeltern oder Freunden und Freundinnen).

8. HENRYS FROSCHTRICK: DAS ALBTRAUM-ABWEHR-SPRAY

Schnelligkeit der Durchführung:

Effektivität:

Alters- und Anwendungsbereich: jüngere Kinder (bis ca. 7 Jahre), Kinder mit Ängsten, bei häufigen Albträumen, als präventive oder Akutmaßnahme für die Einschlafsituation

Es ist dunkel im Kinderzimmer. Das Kind liegt alleine im Bett. Es grübelt noch über den Streit in der Schule. Plötzlich schreckt es auf: „War da nicht ein Schatten neben dem Schrank? Oh nein, das sah aus wie das Monster aus dem Albtraum von letzter Nacht." Die Mutter muss ans Bett kommen. Jemand muss ja schließlich das Bett vor dem Monster verteidigen. Diesmal helfen Beschwichtigungen („Da ist kein Monster.") und gute Worte („Einfach die Augen zumachen, ich bin ja da.") nicht weiter. Nachdem das Kind trotzdem eingeschlafen ist, wacht es am frühen Morgen durch einen Albtraum auf. Die Mutter muss wieder ans Bett kommen, das Kind weint, und die Mutter tröstet es. Das Kind hat wieder den gleichen Albtraum mit dem Monster gehabt und kann nicht mehr einschlafen. Es besteht nun darauf, bei den Eltern schlafen zu dürfen. Entnervt gibt die Mutter nach.

Wenn das Kind abends im Bett liegt, hat es Ruhe und Zeit zum Nachdenken. Angst machende Erlebnisse und Gedanken können dann wieder sehr präsent sein. Die Angst, von dem besten Freund in der Pause alleingelassen zu werden, oder das Schamgefühl über ein Missgeschick in der Klasse zeigen sich dann aber nicht direkt. Meist kommen sie in Form von anderen abendlichen Ängsten oder eben in Albträumen hoch. Die Fantasie des Kindes tut ihr Übriges. So werden Fantasieinhalte tatsächlich für wahr gehalten oder gar gesehen (z. B. Monster im Schrank).

Für Eltern sind diese Ängste und für echt gehaltene Fantasien häufig nicht nachvollziehbar. Doch logische Erklärungen oder Beschwichtigungen der Eltern gegenüber den Ängsten des Kindes sind in diesem Fall nicht wirkungsvoll. Deshalb nutzt der Froschtrick eben das, wodurch die Angst auch ausgelöst wurde: die Fantasie des Kindes. Mit einer positiven schützenden Fantasie wie dem Albtraum-Abwehr-Spray kann die Angst herunterreguliert und bewältigt werden.

Wann und wie ist die Technik anwendbar?

Die Technik funktioniert besonders gut bei jüngeren Kindern, bei Kindern mit Ängsten oder wenn das Kind viel Stress ausgesetzt ist. Zudem ist sie als Akutmethode einsetzbar. Zum Beispiel am Abend, wenn die Angst gerade stark ist oder wenn absehbar ist, dass die abendliche Schlafsituation wieder von Ängsten begleitet werden wird (z. B. Angst vor dem Schlafengehen, Angst vor dem Alleinsein).

Wie funktioniert die Technik?

Mit dem Kind wird ein „magischer" Trank gemixt, der gegen Angst machende Inhalte des Albtraums oder eine Angst helfen soll. Zuerst wird Wasser in eine Sprühflasche gefüllt. Danach kann noch eine Zutat (z. B. Lavendelöl) hinzugefügt werden. Das Kind kann hier seiner Fantasie freien Lauf lassen: Wenn bei Vampiren Knoblauch hilft, dann hilft gegen Monster doch sicherlich der Geruch von Lavendel! Der magische Trank kann dann überall dort versprüht werden, wo das Kind eine Bedrohung oder einen Angriff vermutet. Bei Kindern, die ängstlich sind oder das Schlafen alleine noch üben müssen, kann präventiv vor dem Schlafengehen der Trank versprüht werden. Kinder, die oft von Albträumen heimgesucht werden, können das Spray akut nutzen, z. B. beim Wachliegen oder nach dem Aufwachen aus dem Albtraum.

Ist die Technik wirksam?

Aktuell gibt es keine Studien, die sich speziell mit einem Albtraum-Abwehr-Spray bei Albträumen beschäftigt haben. Unter Eltern und Kindertherapeut*innen findet diese kreative Technik aber durchaus Anwendung. In der Literatur haben Müller (2022) und Schredl (2006) sie in Fallbeispielen als hilfreiche Intervention bei Albträumen erwähnt. Es ist davon auszugehen, dass das Albtraum-Abwehr-Spray in der Praxis einen guten therapeutischen Nutzen erfüllt.

Wie wirkt das Albtraum-Abwehr-Spray?

Zwei Theorien der Entwicklungspsychologie zeigen, warum und wie das Albtraum-Abwehr-Spray wirkt.

Die Magische Phase (Unterscheidung von Fantasie und Realität)

In der Entwicklungspsychologie wird im Alter von 3–6 Jahren von einer „Magischen Phase" gesprochen. In dieser Phase werden Ursache und Wirkung verwechselt oder unlogische Zusammenhänge angenommen (z. B.: „Wenn ich böse Gedanken über meine Schwester habe, wird ihr etwas Schlechtes passieren."). Kinder in diesem Alter können Fantasie häufig nicht von der Realität unterscheiden. Deshalb können Albtrauminhalte für sie besonders verwirrend sein und sie zu irreführenden Annahmen verleiten (z. B. im Albtraum des Kindes hat die Mutter einen Unfall, also wird sie am nächsten Tag im echten Leben auch einen Unfall haben). Erst mit 5–6 Jahren können Kinder zuverlässig einen Unterschied zwischen Realität und Fantasie machen. Je nach Reife und Entwicklungsstand des Kindes können sich Fantasien auch noch ca. bis zum 7. Lebensjahr sehr echt anfühlen.

Übergangsobjekte

Je älter ein Kind wird, desto unabhängiger wird es von seiner Bezugsperson. Die Trennung von der versorgenden Bezugsperson geht aber auch mit einem emotional schmerzhaften Ablöseprozess für das Kind einher. Ein Gegenstand, der diesen Übergang erleichtert, ist das sogenannte Übergangsobjekt (Winnicott, 1969). Dies kann ein Kuscheltier oder ein mit der Bezugsperson assoziierter Gegenstand sein (z. B. Schal der Mutter). Bei Ängsten finden solche Übergangsobjekte auch bei älteren Kindern phasenweise wieder Verwendung, um Sicherheit wiederzuerlangen. Das Kind überträgt alle guten schützenden und versorgenden Eigenschaften der Bezugsperson auf das Übergangsobjekt. Alternativ verschiebt es seine Ängste einfach auf das Kuscheltier und nimmt paradoxerweise die gegenteilige Rolle ein (z. B.: „Keine Angst, Kuscheltier, ich weiß, du hast Angst vor der Dunkelheit, aber ich beschütze dich!"). Das Albtraum-Abwehr-Spray kann auch noch im höheren Kindesalter als ein kreatives Übergangsobjekt verstanden werden, das die Allianz zwischen Kind und Bezugsperson symbolisiert und dem Kind hilft, sich gegen die Angst zu schützen.

Tipps für den Kinderteil

- Laden Sie das Kind ein, seiner Fantasie freien Lauf zu lassen: Welcher Duft wirkt gegen welches Monster?
- Geben Sie dem Spray einen individuellen Namen und beschriften Sie es (z. B. Papierstreifen mit Klebeband am Spray befestigen).
- Lassen Sie das Kind selbst den Duft dort versprühen, wo es das Monster oder die Angreifer*innen vermutet.
- Varianten: magische Schutzcreme, ein Bild gegen die Angst aufhängen (z. B. bei Vampirangst Bild von Knoblauch aufhängen), Traumfresserchen aufhängen (Traum aufzeichnen oder -schreiben und in das Traumfresserchen geben).

9. WILLIS WILDSCHWEINTRICK: SCHLAFHYGIENE

Schnelligkeit der Durchführung:

Effektivität:

Alters- und Anwendungsbereich: Kinder jeden Alters, bei ängstlichen Kindern, Kinder mit hohem Medienkonsum

Der Schlaf ist eine besondere Herausforderung für Kinder, denn für sie bedeutet er, von den Eltern getrennt zu sein. Beim Versuch, in den Schlaf zu finden, sind Kinder auf sich gestellt und von der elterlichen Versorgung und Regulierung getrennt. In der abendlichen Schlafsituation sind sie mit unangenehmen Zuständen konfrontiert, die sonst die Eltern für sie „coregulieren". Die Fähigkeit der Selbstregulation entwickelt sich erst. Es kann ganz schön schwierig sein, alleine im Bett zu liegen und mit den eigenen verworrenen Gefühlen zurechtzukommen. Auch Ängste wie z. B. vor der Dunkelheit oder Monstern machen das Schlafen schwierig. Besonders dann, wenn Kinder fest davon überzeugt sind, dass sich das Monster tatsächlich unter dem Bett versteckt. Um all diese Schwierigkeiten beim Schlaf besser meistern zu können, hilft die sogenannte Schlafhygiene. Bei der Schlafhygiene geht es darum, Gewohnheiten und Verhaltensweisen einzuüben, die einen guten Schlaf fördern.

Warum ist das für Albträume wichtig? Schlechter Schlaf und Albträume sind ein Teufelskreis: Hat ein Kind häufig Albträume, so bekommt es weniger erholsamen Schlaf oder die Angst verstärkt sich (z. B. vor dem Einschlafen und dem Albtraum; Leung & Robson, 1993). Schlechter Schlaf und mangelnde Schlafhygiene wiederum können die Wahrscheinlichkeit für Albträume erhöhen (Li et al., 2011). Diesen Teufelskreis von Schlaf und Albträumen gilt es zu durchbrechen. Das Schlafverhalten des Kindes kann mit einfachen Interventionen und Regeln der Schlafhygiene verbessert werden. Beobachten Sie, ob die Verbesserungen im Schlaf auch zu einer Verbesserung bei Albträumen führen.

Im Folgenden werden die ausgewählten Aspekte der Schlafhygiene zusammengefasst (angelehnt an die schlaffördernden Faktoren des Schlafcomics nach Schwerdtle, Kanis, Kübler & Schlarb, 2012).

1. Schlafbedarf des Kindes erkennen: Regelmäßige Zubettgeh- und Aufstehzeiten etablieren und einhalten

Es ist wichtig, den Schlafbedarf des Kindes zu kennen. Dieser hängt neben individuellen Faktoren maßgeblich vom Entwicklungsstand und vom Alter des Kindes ab. Zur groben Orientierung ist in Tabelle 7 die durchschnittliche Schlafdauer von Kindern in Abhängigkeit des Alters dargestellt.

Schlafdauer bei Kindern

Alter	Schlafdauer
5 Jahre	11,5 Stunden
6 Jahre	11 Stunden
7–9 Jahre	10–11 Stunden
10–14 Jahre	9–11 Stunden

Tabelle 7: Schlafdauer (Bundeszentrale für gesundheitliche Aufklärung, 2023)

Müdigkeit kann an Begleitzuständen wie Unkonzentriertheit, Gereiztheit und mangelnder Motivation erkannt werden. Viele Eltern stellen dies bereits leicht bei ihren Kindern fest. Eine auffällige Verhaltensweise – insbesondere bei Kindern im Grundschulalter – fällt Eltern jedoch interessanterweise gar nicht als Müdigkeit auf: Ein Schlafmangel liegt häufig auch dann vor, wenn Kinder am Tag aufgedreht sind und motorisch aktives Verhalten zeigen sowie schlechte Laune haben (Wiater et al., 2020). Wichtig ist zudem, dass Eltern die Schlafenszeit ankündigen und Gewohnheiten Schritt für Schritt ritualisiert ablaufen (z. B. zuerst Zähne putzen, dann über die Ereignisse des Tages sprechen, dann eine Vorlesegeschichte, dann schlafen). Studienergebnisse haben gezeigt, dass Kinder, die regelmäßige Zubettgeh- und Aufstehzeiten haben, weniger Ein- und Durchschlafprobleme haben (Wiater et al., 2020).

2. Schlafen während des Tages reduziert den Schlafdruck am Abend: Um abends gut ein- und durchzuschlafen, sollte ab ca. 5 Jahren kein Mittagsschlaf mehr gehalten oder dieser reduziert werden

Je älter Kinder werden, desto weniger Schlaf benötigen sie. Schulkinder wachen in der Regel schon sehr früh auf. Schlafen sie dann mittags, so ist der Schlafdruck am Abend nicht groß genug. Falls Schulkinder dennoch am Tag schlafen, sollten sie dies vor 15 Uhr tun, damit der Schlafdruck am Abend ausreichend hoch ist (Waiter et al., 2020).

3. Umgang mit Medien: Bildschirmzeit sowie Medieninhalte sollten kontrolliert und begrenzt werden

Nach den aktuellen Empfehlungen der Deutschen Gesellschaft für Kinder- und Jugendmedizin e.V. (DGKJ, 2023) sollen Kinder unter 3 Jahren keine Medien am Bildschirm konsumieren. Eltern sollten sie auch nicht passiv mitkonsumieren lassen, wenn sie selbst am Bildschirm sind (z. B. Video am Handy abspielen). Im Alter zwischen 4 und 6 Jahren sollten die Eltern den Medienkonsum begleiten. Dies sollte bestenfalls ab und zu in der Woche sein und 30 Minuten pro Tag nicht übersteigen. Hat das Kind einige Zeit unter Begleitung des Elternteils Erfahrung gesammelt, kann es im Alter von 6–9 Jahren alleine Bildschirmzeit von bis zu ca. 45 Minuten pro Tag bekommen. Ab 10 Jahren kann eine Zeit von 60 Minuten gewährt werden. Es ist besonders wichtig, dass mit Vor- und Grundschulkindern klare Zeitgrenzen abgesprochen und eingehalten werden, die von den Eltern konsequent kontrolliert werden. Zudem ist es wichtig, bei Kindern zu überprüfen, welche Medieninhalte sie konsumieren (z. B. welche Filme und Youtube-Kanäle sie schauen). Es ist nämlich gut möglich, dass die schwierigen und Angst machenden Inhalte von Albträumen dort abgebildet werden.

4. Das Bett als Erziehungsmaßnahme: Schlafen sollte nicht als Belohnung, Bestrafung oder andere Erziehungsmaßnahme dienen

Das Bett soll mit Ruhe und Erholung assoziiert werden. Dort sollte nicht gegessen, das Handy genutzt oder Konsole gespielt werden. Je mehr eine klare Trennung zwischen dem Bett als Schlafplatz und den Konsum- oder Freizeitorten geschaffen wird, desto besser können Kinder ein- und durchschlafen.

5. Wo schläft das Kind am besten? Kinder sollten ca. ab 6 Jahren im eigenen Bett schlafen

Häufig wünschen Grundschulkinder, bei den Eltern oder Geschwisterkindern zu schlafen. Eltern sollten konsequent sein, sie ins eigene Bett bringen und bestärken, dort zu schlafen.

6. Ängste bei Kindern verstehen: Ängste von Kindern haben mit ihrer Entwicklung zu tun

Ängste sind bei Kindern ganz normal. Tatsächlich gibt es sogar Ängste, die ganz typisch für bestimmte Entwicklungsphasen sind (Paul, 2004). Im Alter von 2–4 Jahren sind Ängste in Bezug auf Dunkelheit, Einbrecher, Monster und andere Fantasiegestalten sehr präsent. In diesem Alter entwickeln Kinder ihre Vorstellungskraft. Dies ist ein wichtiger Meilenstein in der Entwicklung, bringt aber auch eine Schwierigkeit mit sich: Kinder imaginieren viel, können aber Realität und Fantasie noch nicht sicher unterscheiden. Am deutlichsten zeigt sich dies an der Angst vor Dunkelheit. Mit dem Kind kann gemeinsam untersucht werden, ob die Angst real greifbar ist (z. B. „Was versteckt sich in der Dunkelheit?“). Somit kann gemeinsam die Unterscheidung von Fantasie und Realität erprobt und Ängste entkräftet werden. Ab 6–7 Jahren kreisen die Ängste um Themen wie Naturkatastrophen (z. B. Erbeben, Unwetter, Hochwasser etc.), Verletzungen, Spritzen, medizinische Eingriffe oder Tiere (z. B. böser Wolf). Ab 8 Jahren haben Kinder Angst vor schlechten Schul- oder Sportleistungen, da sie ihren Selbstwert besonders aus diesen Fähigkeiten speisen. Ab dem Alter von 12 Jahren spielt die Gleichaltrigengruppe eine immer größere Rolle. Daher kommt hier die Angst auf, von Freunden und Freundinnen abgelehnt zu werden.

7. Ängste benennen: Bei Ängsten mitfühlen, aber gleichzeitig Hoffnung vermitteln, dass sie bewältigbar sind

Eltern und Fachkräfte sollten die Angst des Kindes als berechtigt ansehen (z. B..: „Dunkelheit kann ganz schön Angst machen.“). Dies kann gar nicht so leicht sein, wenn Ängste unlogisch sind. Manche Erwachsene versuchen, die Angst des Kindes zu bagatellisieren, in der Hoffnung, die Angst des Kindes verliere sich so. Doch das Kind benötigt bei Ängsten die Mithilfe der Eltern, um üben zu können, wie es Ängste bewältigen kann. Jüngere Kinder schaffen es oft nicht, zu sagen, wovor sie genau Angst haben, oder sie zeigen es durch körperliche Symptome wie z. B. Bauchschmerzen. Daher ist es hilfreich, nachzufragen, wie stark die Angst oder die Bauchschmerzen sind. Dafür können Sie folgende Skala nutzen:

Abbildung 4: Angstskala

Im nächsten Schritt kann nachgefragt werden, wann und wie oft diese Ängste auftreten. Häufig liegt ein zeitlicher Zusammenhang zwischen der Angst und der Bettsituation vor. Es ist hilfreich, ein Ritual durchzuführen, wenn Ängste an einem konkreten Zeitpunkt auftreten. Die erwähnten Punkte (ernst nehmen, über die Angst sprechen, Stärke der Angst einschätzen, Zeitpunkt und Dauer beachten) tragen genauso viel zur Regulierung der Ängste bei wie die Problemlösung an sich. Im nächsten Schritt kann der Problemlösungsprozess starten. Es kann mit dem Kind überlegt werden, was gegen die Angst helfen könnte: Kinder haben oft einige gute Vorschläge, wie die Angst kleiner werden könnte (siehe Tabelle 8).

Angsthemen und Lösungen

Angstthema	Beispiele für Lösungen
Monster	Mit dem Kind im Zimmer alles absuchen, versichern, dass kein Monster da ist
Gespenster	Erklären, dass es Gespenster nicht gibt, aber dass die Angst vor Unbekanntem oder Gruseligem grundsätzlich auch sinnvoll sein kann, um sich vor Gefahren zu schützen

Alleine sein	Übergangsobjekt anbieten (z. B. Kuscheltier), Belohnung, wenn das Kind es schafft, mit einem Kuscheltier einzuschlafen (= Verstärker für das gewünschte Verhalten)
Schule	Mitfühlen und Druck nehmen („Sei nicht perfekt", „Fehler sind willkommen")

Tabelle 8: Angsthemen und Lösungen

Ältere Kinder grübeln häufig über Ereignisse des Tages. Zwei Stunden vor dem Zubettgehen kann dann ein „Grübeltermin" stattfinden: Das Kind stellt für 10 Minuten einen Timer und grübelt in der Zeit so viel wie möglich. Nach den 10 Minuten hört es damit auf und soll weitere Grübeleien gedanklich wegschieben. Für den nächsten Tag kann ein weiterer Grübeltermin festgesetzt werden. Vor dem Schlafen kann ein Entspannungsverfahren eingesetzt werden (z. B. Fantasiereise, progressive Muskelentspannung; siehe auch Emils Rabentrick).

8. Fehlende Grenzen: Schlafprobleme können durch fehlende Grenzsetzung der Eltern entstehen

Kinder fordern häufig, dass Eltern neben ihnen am Bett sitzen und warten, bis sie eingeschlafen sind. Dies sollte nur bei Kleinkindern gewährt und mit dem sogenannten Checking ausgeschlichen werden (Asbrand, Schmitz, Hasselborn, Kunde & Schneider, 2023). Dabei bestärken die Eltern das Kind und gehen aus dem Kinderzimmer („Du schaffst es, alleine zu schlafen, ich schaue gleich noch mal bei dir vorbei."). Nach kurzer Zeit (z. B. eine Minute) kommen die Eltern ins Kinderzimmer zurück und gehen dann rasch wieder. Der zeitliche Abstand beim Hereinschauen wird dann immer weiter erhöht. Wenn Eltern Schwierigkeiten haben, Kindern solche Wünsche abzuschlagen, könnte das ein Hinweis sein, dass es ihnen nicht leichtfällt, klare Grenzen zu setzen. Wünsche nach einem weiteren Glas Wasser, mehr Vorlesegeschichten oder gar das gezielte Provozieren der Eltern (z. B. „Ich mag dich nicht mehr.") können als Versuch des Kindes gewertet werden, die Grenzen auszuweiten, den Schlaf hinauszuzögern und weitere Zuwendung zu bekommen. Eltern sollten hier eindeutige und klare Grenzen setzen („Es ist jetzt Schlafenszeit, gute Nacht!"). So lernen Kinder schrittweise, sich bei der schwierigen Einschlafzeit selbst zu regulieren.

Was stört das Einschlafen?

Zu hohe oder niedrige Temperatur im Raum, Lärm und innere Unruhe

Diese Punkte sind häufig so offensichtlich, dass sie übersehen werden. Generell sollten Eltern nachfragen, ob das Kind sich durch etwas beim Schlafen gestört fühlt. Zudem sollten sie die Temperatur im Schlafzimmer des Kindes kontrollieren und das Kind fragen, ob es zu kalt oder warm beim Schlafen ist. Bei Kindern, die sich nachts viel drehen und unruhig sind, landet die Decke häufig auf dem Boden. Die Folge ist, dass es ihnen oft zu kalt ist oder das Gefühl des Geborgenseins durch die Decke verloren geht. Für solche Kinder könnte es sich lohnen, eine Gewichtsdecke für das Schlafen auszuprobieren. Auch den Lärmpegel im Kinderzimmer sollten die Eltern überprüfen.

Zu späte und schwere Mahlzeiten, Koffein sowie Medikamente

Späte und schwere Mahlzeiten oder koffeinhaltige Getränke am Abend lassen das Kind schlecht schlafen. Auch Medikamente können einen schlechten Einfluss haben. Zum Beispiel kann Methylphenidat bei Kindern mit ADHS den Schlaf beeinträchtigen oder das Absetzen von bestimmten Antidepressiva zu Albträumen führen (Goodman & Scott, 2016).

Was tun, wenn das Kind nicht schlafen kann?

Kinder sollten nicht aufstehen und herumtoben oder bei den Eltern im Bett schlafen. Wenn es dem Kind hilft, kann kurz ein Elternteil mit zum Bett des Kindes kommen und es ermutigen. Wenn das Kind sehr hungrig oder durstig ist, sollte ihm ein kleiner Snack gewährt werden (z. B. Stück Banane). Der Fokus sollte aber darauf liegen, dass es wieder versucht einzuschlafen. Notfalls kann das Kind sich ruhig beschäftigen (z. B. spielen, lesen, etwas anhören für 10 Minuten) und dann wieder ins Bett gehen. Sollte es häufiger nachts nach Getränken, Essen oder der Toilette fragen, geht es um fehlende elterliche Grenzsetzung. Dann lernen Kinder ungünstigerweise, dass sie Zuwendung bekommen und unangenehme Zustände vermeiden können (z. B. Versuch, wieder selbst einzuschlafen).

Schlafhygienische Maßnahmen können zu großen Fortschritten beim Kinderschlaf führen und sollten nicht unterschätzt werden. Bei jüngeren Kindern sollten die Eltern für die Durchführung und Einhaltung der Maßnahmen sorgen. Ältere Kinder und Jugendliche können in die Planung der Schlafhygiene einbezogen werden. Besonders bei jungen Jugendlichen erhöht sich ihre Bereitschaft, die Schlafhygiene einzuhalten, wenn sie mitbestimmen dürfen. Für Fachkräfte und Eltern ist zu beachten, dass Schlafhygiene nicht sofort greift, sondern sich erst 1–2 Wochen einpendeln muss, bis sie gut funktioniert. Empfehlenswert ist auch das „KiSS Schlaftraining" (Schlarb, 2013).

10. EMILS RABENTRICK: ENTSPANNUNG

Schnelligkeit der Durchführung:

Effektivität:

Alters- und Anwendungsbereich: Kinder jeden Alters, bei Kindern mit Schlafproblemen und Ängsten, als Einschlafhilfe sowie als Ritual vor dem Schlafen, akute Maßnahme bei Ängsten oder zur Beruhigung nach Albträumen, zur Unterstützung von Floras Fuchstrick (Vorstellungsvermögen wird gesteigert und veränderte Albtraumhandlung kann besser imaginiert werden)

„Pausen sind die Löcher im Käse des Lebens."
(Waltraud Puzicha, 1997)

Man könnte auch sagen, Entspannung gehört im Leben genauso dazu wie wilde oder stressige Situationen. Je mehr Anforderungen und Belastungen ein Kind ausgesetzt ist, desto wichtiger werden Momente, in denen es wieder zur Ruhe findet. Gar nicht so einfach bei Kindern, die nach der Schule ein volles Freizeitprogramm haben. Zudem sind in der heutigen Zeit überall mediale Reize verfügbar. So scheint es für Kinder schwierig, aufwendig oder gar unnütz zu sein, sich auf einen Moment des Nichtstuns oder Entspannung abseits des Schlafens einzulassen. Eine Lösung, mit der das Kind auf die Entspannung spielerisch eingehen kann und bei dem es gleichzeitig seine natürliche Kreativität ausspielen kann, sind sogenannte imaginative Verfahren. Dabei hört das Kind eine Geschichte und stellt sich mit der eigenen Fantasie Bilder dazu vor. Die Fantasie soll damit ein Ort der Kontrolle, inneren Sicherheit und Entspannung werden. Zudem hilft Entspannung gegen Ängste und Anspannung beim Einschlafen, die oft eine Folgewirkung von Albträumen sind.

Wann und wie ist die Technik anwendbar?

Emils Rabentrick kann in drei Situationen eingesetzt werden: als Einschlafhilfe, als regelmäßige Entspannungsübung während des Tages oder als akute Beruhigung nach einem Albtraum. Wenn das Kind die Übung ablehnt (sie z. B. langweilig findet), sollte dies respektiert werden. Dann kann auf andere Entspannungstechniken ausgewichen werden (für einen Überblick: Petermann, 2020), wie beispielsweise die progressive Muskelentspannung für Kinder (Speck, 2018).

Wie funktioniert die Technik?

Fantasiereisen funktionieren erfreulicherweise besonders bei Kindern sehr gut, da diese eine lebendige Fantasie haben (Petermann & Peterson, 2019). Bei Emils Rabentrick haben wir uns an den Prinzipien der Kapitän-Nemo-Geschichten von Petermann (2021) orientiert. Neben der Fantasiereise nutzen wir auch Elemente des Autogenen Trainings. So wird nach und nach der Satz „Es ist deine Gabe, du bist so ruhig wie der Rabe" gesagt. Obwohl dieser Satz nur gebetsmühlenhaft ein paar Mal wiederholt wird, stellt sich dadurch tatsächlich ein Gefühl von Ruhe beim Kind ein.

Ist die Technik wirksam?

Fantasiereisen und Autogenes Training sind bewährte und wirksame Entspannungsverfahren, die bei Kindern erfolgreich eingesetzt werden (Petermann, 2020). Die hier im Buch verwendete Fantasiereise haben wir aus zwei Gründen herangezogen. Zum einen zeigen imaginative Verfahren wie Fantasiereisen im Vergleich zu anderen Entspannungsverfahren die besten Ergebnisse (Petermann & Petermann, 2009). Zum anderen fußen Albträume auf der eigenen Fantasie, sodass sie womöglich am besten durch dieselbe Modalität bekämpft werden können, durch die sie ausgelöst wurden: nämlich durch die eigene Fantasie (Furmann & Weber, 2021). Somit werden die bedrohlichen Fantasiebilder des Albtraums mit den entspannenden Bildern der Fantasiereise neutralisiert.

Wie wirkt die Technik?

In der Psychologie gelten Entspannungsverfahren als „Breitband- und symptomunspezifische Verfahren" (Petermann, 2021). Das bedeutet, Entspannungsverfahren beseitigen nicht konkrete psychische Störungen oder andere Beschwerden (Ängste, Albträume etc.), sondern haben einen allgemeinen Effekt auf das Wohlbefinden. Dies kann sich z. B. in physiologischen Effekten wie gelockerter Muskulatur, ruhiger werdender Atmung oder sinkendem Blutdruck zeigen. Es führt dazu, dass Kinder sich selbst besser runterfahren können (z. B. in Angstsituationen), konzentrierter sind, ihren Köper besser wahrnehmen, weniger angespannt sind und besser ein- und durchschlafen können. Besonders schön ist, wenn Kinder die Veränderung selbst registrieren. Dies kann realisiert werden, indem vor und nach der Übung z. B. die Frage: „Wie entspannt bist du gerade?" gestellt wird.

Allgemein gesagt, gibt es im Körper zwei Untersysteme, die in Gang gebracht werden, um uns einerseits zu helfen, aktiv, belastbar und leistungsfähig zu werden, und andererseits zur Ruhe zu kommen und Energie zu tanken. Der sogenannte Sympathikus ist aktiv, wenn wir unter Stress stehen. „Ungesund" wird es, wenn bei Kindern der Sympathikus zu häufig aktiv ist und der Parasympathikus, der eine beruhigende Funktion hat, nicht mehr hinterherkommt. Besonders in solchen Fällen können Entspannungsverfahren helfen, um den Parasympathikus wieder mehr ins Spiel zu bringen. Wenn Kinder Albträume erleben, dann sollten wieder mehr Löcher in den Käse des Lebens gebracht werden. Zum Beispiel mit Entspannung durch Emils Rabentrick.

LITERATURVERZEICHNIS

Agargun, M. Y. & Ozbek, H. (2006). Drug effects on dreaming. In M. Lader, D. P. Cardinali & S. R. Pandi-Perumal (Eds.), *Sleep and sleep disorders: A neuropsychopharmacological approach* (pp. 256–261). New York, NY: Springer.

American Sleep Disorders Association. (2005). *International classification of sleep disorders: Diag-no-stic and coding manual (ICSD-2)* (2nd ed.). Westchester, IL: American Academy of Sleep Medicine.

Asbrand, J., Schmitz, J., Hasselhorn, M., Kunde, W. & Schneider, S. (Hrsg.). (2023). *Lehrbuch Klinische Kinder- und Jugendpsychologie und Psychotherapie.* Stuttgart: Kohlhammer.

Bachg, M. (2004). Microtracking in Pesso Boyden System Psychomotor (PBSP): Brückenglied zwischen verbaler Psychotherapie und körperorientierter Psychotherapie. In S. K. D. Sulz, L., Schrenker, C. Schricker (Hrsg.), *Die Psychotherapie entdeckt den Körper – oder: Keine Psychotherapie ohne Körperarbeit?* (S. 375–393). München: CIP-Medien.

Breger, L., Hunter, I. & Lane, R. W. (1971). The effect of stress on dreams. *Psychological Issues, 7* (3), 213.

Bundeszentrale für gesundheitliche Aufklärung. (2023). *Schlafbedarf und Schlafdauer. 1–6 Jahre.* Zugriff am 07.01.2024 unter https://www.kindergesundheit-info.de/themen/schlafen/1-6-jahre/schlafbedarf/

Buss, D. M. (2006). *Evolutionäre Psychologie.* München: Pearson Studium.

Cattarius, B. G. & Schlarb, A. A. (2016). Gegenseitige Beeinflussung von Eltern und Babys in ihrem Schlafverhalten. *Somnologie, 3* (20), 189–198.

Coolidge, F. L., Segal, D. L., Coolidge, C. M., Spinath, F. M. & Gottschling, J. (2010). Do nightmares and generalized anxiety disorder in childhood and adolescence have a common genetic origin? *Behavior Genetics, 40* (3), 349–356.

Deutsche Gesellschaft für Schlafmedizin (DGSM). (2008). *Albträume: Was kann ich dagegen tun?* Zugriff am 07.01.2024 unter https://www.dgsm.de/fileadmin/dgsm/Arbeitsgruppen/traum/Alptraeume_Was_kann_ich_dagegen_tun.pdf

Deutsche Gesellschaft für Kinder- und Jugendmedizin e.V (DGKJ). (2023). *Die wichtigsten Empfehlungen für den Umgang mit Smartphone, Computer, Spielkonsole und TV in der Familie.* Zugriff am 07.01.2024 unter https://register.awmf.org/assets/guidelines/027_D_Ges_fuer_Kinderheilkunde_und_Jugendmedizin/027-075eltern_S2k_Praevention-dysregulierten-Bildschirmmediengebrauchs-Kinder-Jugendliche_2023-09.pdf

Eichenlaub, J. B., Nicolas, A., Daltrozzo, J., Redouté, J., Costes, N. & Ruby, P. (2014). Resting brain activity varies with dream recall frequency between subjects. *Neuropsychopharmacology, 39* (7), 1594–1602.

Ferrafiat, V., Soleimani, M., Chaumette, B., Martinez, A., Guile, J. M., Keeshin, B. & Gerardin, P. (2020). Use of prazosin for pediatric post-traumatic stress disorder with nightmares and/or sleep disorder: Case series of 18 patients prospectively assessed. *Frontiers in Psychiatry, 11,* 724.

Fromm, E. (1989). Märchen, Mythen, Träume. Eine Einführung in das Verständnis einer vergessenen Sprache. In R. Funk (Hrsg.), *Erich Fromm: Gesamtausgabe. Band IX: Sozialistischer Humanismus und Humanistische Ethik* (S. 173). München: dtv.

Furet, O., Goodwin, J. L. & Quan, S. F. (2011). Incidence and remission of parasomnias among adolescent children in the Tucson Children's Assessment of Sleep Apnea (TuCASA) Study. *Southwest Journal of Pulmonary & Critical Care, 2,* 93.

Furmann, B. & Weber, M. (2021). *Antons Albtraum*. Heidelberg: Carl-Auer.

Garfield, P. L. (1984). *Your child's dreams*. New York, NY: Ballentine.

Garfield, P. L. (2001). *The universal dream key: The twelve most common dream themes around the world*. New York, NY: Cliff Street Books.

Gauchat, A., Séguin, J. R. & Zadra, A. (2014). Prevalence and correlates of disturbed dreaming in children. *Pathologie Biologie, 62* (5), 311–318.

Gieselmann, A., Ait Aoudia, M., Carr, M., Germain, A., Gorzka, R., Holzinger, B. et al. (2019). Aetiology and treatment of nightmare disorder: State of the art and future perspectives. *Journal of Sleep Research, 28* (4), e12820.

Goodman, R. & Scott, S. (2016). *Kinder- und Jugendpsychiatrie*. Stuttgart: Schattauer.

Hartmann, E. (1996). Outline for a theory on the nature and functions of dreaming. *Dreaming, 6*, 147–170.

Hudson, S. M., Whiteside, T. E., Lorenz, R. A. & Wargo, K. A. (2012). Prazosin for the treatment of nightmares related to posttraumatic stress disorder: a review of the literature. *The Primary Care Companion for CNS Disorders, 14* (2), 27120.

Keßels, T. (2004). Angstträume bei neun- bis elfjährigen Kindern. *Praxis der Kinderpsychologie und Kinderpsychiatrie, 53* (1), 19–38.

Krakow, B. & Neidhardt, J. (1995). *Albträume erfolgreich behandeln: Ein Selbsthilfeprogramm in drei Schritten*. Niedernhausen: Falken.

Krakow, B., Sandoval, D., Schrader, R., Keuhne, B., Mcbride, L., Yau, C. L. & Tandberg, D. (2001). Treatment of chronic nightmares in adjudicated adolescent girls in a residential facility. *Journal of Adolescent Health, 29* (2), 94–100.

Lancee, J., Effting, M. & Kunze, A. E. (2021). Telephone-guided imagery rehearsal therapy for nightmares: Efficacy and mediator of change. *Journal of Sleep Research, 30* (3), e13123.

Leung, A. K. & Robson, W. L. (1993). Nightmares. *Journal of the National Medical Association, 85* (3), 233–235.

Li, S. X., Yu, M. W. M., Lam, S. P., Zhang, J., Li, A. M., Lai, K. Y. C. et al. (2011). Frequent nightmares in children: familial aggregation and associations with parent-reported behavioral and mood problems. *Sleep, 34* (4), 487–493.

Lüth, K., Schmitt, J. & Schredl, M. (2021). Conquering nightmares on the phone: One-session counseling using imagery rehearsal therapy. *Somnologie, 25* (3), 197–204.

Maurer, J. T. (2013). Andere Schlafstörungen. In B. Stuck, J. T. Maurer, M. Schredl & H.-G. Weeß (Hrsg.), *Praxis der Schlafmedizin: Schlafstörungen bei Erwachsenen und Kindern Diagnostik, Differenzialdiagnostik und Therapie* (S. 247–251). Berlin, Heidelberg: Springer.

Maquet. (2000). Functional neuroimaging of normal human sleep by positron emission tomography. *Journal of Sleep Research, 9* (3), 207–231.

McNamara, P., Johnson, P., McLaren, D., Beauharnais, C. & Auerbach, S. (2010). REM and NREM sleep mentation. *International Review of Neurobiology, 92*, 69–86.

Müller, M. (2022). Schlafstörungen aus psychiatrischer Sicht. *psychopraxis. neuropraxis, 25* (1), 16–25.

Myers, D. G. (2015). *Psychologie*. Berlin, Heidelberg: Springer.

Nielsen, T. (2000). A review of mentation in REM and NREM sleep: „Covert" REM sleep as a possible reconciliation of two opposing models. *Behavioral and Brain Sciences, 23* (6), 851–866.

Petermann, F. (Hrsg.). (2020). *Entspannungsverfahren: das Praxishandbuch*. Weinheim: Beltz.

Petermann, F. & Petersen, R. (2019). Kinderverhaltenstherapie: Methoden und Beispiele. In F. Petermann (Hrsg.), *Kinderverhaltenstherapie: Grundlagen, Methoden und Anwendungen* (6. Aufl.,

S. 77–109). Göttingen: Hogrefe.

Paul, A. (2004). Wer hat Angst vorm bösen Wolf? Evolutionsbiologische Grundlagen kindlicher Ängste. In S. Schneider (Hrsg.), *Angststörungen bei Kindern und Jugendlichen: Grundlagen und Behandlung* (S. 41–53). Berlin, Heidelberg: Springer.

Petermann, F. (2020). *Entspannungsverfahren: Das Praxishandbuch*. (2020). Weinheim: Beltz.

Petermann, U. (2021). *Die Kapitän-Nemo-Geschichten: Geschichten gegen Angst und Stress.* Göttingen: Hogrefe.

Petermann, U., & Petermann, F. (2009). Aggressives Verhalten. In Petermann, F., & Vaitl, D. (Hrsg.), *Entspannungsverfahren: Das Praxishandbuch* (4. Aufl.). Weinheim: Beltz.

Pietrowsky, R. (2011). *Albträume.* Göttingen: Hogrefe.

Puzicha, W. (1997). *Kurz belichtet: Sprüche. Klappe 1.* Stuttgart: S. Hirzel Verlag.

Revonsuo, A. (2000). The reinterpretation of dreams: An evolutionary hypothesis of the function of dreaming. *Behavioral and Brain Sciences, 23* (6), 877–901.

Rosner, R., & Steil, R. (2009). *Ratgeber Posttraumatische Belastungsstörung: Informationen für Betroffene, Eltern, Lehrer und Erzieher.* Göttingen: Hogrefe.

Sauseng, W., Rauter, L. & Kerbl, R. (2016). Nachtschreck, Schlafwandeln und Albträume. *Monatsschrift Kinderheilkunde, 164* (12), 1096–1102.

Schlarb, A. A. (2013). *KiSS-Begleit-und Arbeitsbuch für Eltern und Kinder: Das Training für Kinder von 5 bis 10 Jahren mit Schlafstörungen.* Stuttgart: Kohlhammer.

Schlarb, A. A., Brandhorst, I. & Hautzinger, M. (2011). Mini-KiSS–a multimodal group therapy intervention for parents of young children with sleep disorders: A pilot study. *Zeitschrift für Kinder und Jugendpsychiatrie und Psychotherapie, 39* (3), 197–206.

Schlarb, A. A., Velten-Schurian, K., Poets, C. F. & Hautzinger, M. (2010). First effects of a multicomponent treatment for sleep disorders in children. *Nature and Science of Sleep, 2011* (3), 1–11.

Schredl, M. (1998). Behandlung von Alpträumen bei Kindern. *Der Kinderarzt, 29*, 1254–1257.

Schredl, M. (2006). Behandlung von Albträumen. *Praxis der Kinderpsychologie und Kinderpsychiatrie, 55* (2), 132–140.

Schredl, M., Blomeyer, D. & Görlinger, M. (2000). Nightmares in children: influencing factors. *Somnologie, 3* (4), 145–149.

Schredl, M., Fricke-Oerkermann, L., Mitschke, A., Wiater, A. & Lehmkuhl, G. (2009). Longitudinal study of nightmares in children: Stability and effect of emotional symptoms. *Child Psychiatry and Human Development, 40*, 439–449.

Schredl, M. & Hofmann, F. (2003). Continuity between waking activities and dream activities. *Consciousness and Cognition, 12* (2), 298–308.

Schredl, M. & Hoppe, J. (2019). Ursache und Therapie von Albträumen. *Somnologie, 23* (1), 49–57.

Schredl, M. & Pallmer, R. (1997). Albträume bei Kindern. *Praxis der Kinderpsychologie und Kinderpsychiatrie, 46* (1), 36–56.

Schwerdtle, B., Kanis, J., Kübler, A. & Schlarb, A. A. (2012). *Adaption des „Freiburger Kinderschlafcomic"* (Rabenschlag et al., 1992). Unveröffentlichtes Manuskript. Zugriff am 07.01.2024 unter https://www.uniklinikum-Jena.de/kinderklinik_media/_users/K01007/Schlaffragebogen/Neu/Kinderschlafcomic.pdf

Siegler, R., Eisenberg, N., DeLoache, J. & Saffran, J. (2016). *Entwicklungspsychologie im Kindes- und Jugendalter.* Berlin: Springer.

Simard, V. & Nielsen, T. (2009). Adaptation of imagery rehearsal therapy for nightmares in children: A brief report. *Psychotherapy: Theory, Research, Practice, Training, 46* (4), 492–497.

Simor, P., Horváth, K., Gombos, F., Takács, K. P. & Bódizs, R. (2012). Disturbed dreaming and sleep quality: Altered sleep architecture in subjects with frequent nightmares. *European Archives of Psychiatry and Clinical Neuroscience, 262*, 687–696.

Speck, V. (2018). *Progressive Muskelentspannung für Kinder: Entspannungs-CD [Audio-CD]*. Göttingen: Hogrefe.

St-Onge, M., Mercier, P. & De Koninck, J. (2009). Imagery rehearsal therapy for frequent nightmares in children. *Behavioral Sleep Medicine, 7* (2), 81–98.

Szelenberger, W., Niemcewicz, S. & Dabrowska, A. J. (2005). Sleepwalking and night terrors: Psychopathological and psychophysiological correlates. *International Review of Psychiatry, 17* (4), 263–270.

Thünker, J. & Pietrowsky, R. (2021). *Albträume: Ein Therapiemanual*. Göttingen: Hogrefe.

Thünker, J. & Pietrowsky, R. (2024, im Druck). *Albträume bei Kindern und Jugendlichen. Ein Therapiemanual*. Göttingen: Hogrefe.

Valli, K., Revonsuo, A., Pälkäs, O., Ismail, K. H., Ali, K. J. & Punamäki, R. L. (2005). The threat simulation theory of the evolutionary function of dreaming: Evidence from dreams of traumatized children. *Consciousness and Cognition, 14* (1), 188–218.

Wiater A., Lehmkuhl G. & Alfer D. (2020). *Praxishandbuch Kinderschlaf*. München: Elsevier.

Winnicott, D. W. (1969). The use of an object. *International Journal of Psychoanalysis, 50*, 711–716.

Wiseman, A. S. (1989): *Nightmare help: A guide for parents and teachers*. Berkeley: Ten Speed Press.

DIE AUTORIN UND DER AUTOR

Jeannine Wolf (M.A.) illustriert und schreibt leidenschaftlich gerne Geschichten für Kinderbücher. Sie hat Medienkunst/Mediengestaltung an der Bauhaus Universität in Weimar studiert und einen Master in Media & Design Management an der Hochschule RheinMain abgeschlossen. Sie arbeitet als freiberufliche Kommunikationsdesignerin und Illustratorin.

Dr. phil. Janos Frisch (M.Sc.) ist stellvertretender psychologischer Leiter der Klinik für Sozialpädiatrie am Kinderzentrum München. Als Psychologe und Psychotherapeut i. A. macht er Diagnostik und Therapie mit Kindern, Jugendlichen und Erwachsenen. Zudem ist er wissenschaftlicher Mitarbeiter und Dozent an der Charlotte-Fresenius-Hochschule und forscht im Bereich der klinischen Kinderpsychologie. Er promovierte im Fach Entwicklungspsychologie an der Universität Ulm zum Thema Metakognition.